富爸爸
财务自由之路

〔美〕罗伯特·清崎 〔美〕莎伦·莱希特 著

萧明 译

四川人民出版社

readers-club

北京读书人文化艺术有限公司
www.readers.com.cn
出　品

致中国读者的一封信

亲爱的中国读者：

你们好！

今年是《富爸爸穷爸爸》在美国出版 20 周年，其在中国上市也已经整整 17 年了。我非常高兴地从我的中国伙伴——北京读书人文化艺术有限公司（他们在这些年里收到了很多读者来信）那里了解到，你们中的很多人因为读了这本书而认识到财商的重要性，从而努力提高自己的财商，最终同我一样获得了财务自由。

我很骄傲我的书能够让你们获益。20 年后的今天，世界又处在变革的十字路口。全球经济形势日益复杂，不断涌现的"黑天鹅事件"加剧了世界发展的不确定性，人们对未来充满迷茫，悲观主义情绪正在蔓延。

而对于你们，富爸爸广大的中国读者来说，除了受世界经济的影响，还要面对国内经济转型的阵痛，这个过程艰苦而漫长。当然，为了成就这种时代的美好，你必须坚持正确的选择，拥有前进的智慧和勇气。这就需要你努力学习。

最后，我还是要说，任何人都能成功，只要你选择这么做！

罗伯特·清崎

富人教他们的孩子财商，
而穷人和中产阶级从不这样做。

——〔美〕罗伯特·清崎

出版人的话

转眼间，"富爸爸"问世已20余年，与中国读者相伴也已近20年。在中国经济和社会蓬勃发展的20年间，"富爸爸"系列丛书的出版影响了千千万万的中国读者，有超过1000万的读者认识了富爸爸、了解了财商。在"富爸爸"的忠实读者中，既有在餐厅打工的服务员，也有执教讲堂的大学教授；既有满怀创业梦想的年轻人，也有安享晚年的退休人士。"富爸爸"的读者群体之广、之大，是我们不曾预料到的。

作为一套在中国风靡大江南北、引领国人创业创富的财商智慧丛书，"富爸爸"系列伴随和见证了千万读者的创富经历和成长历程，他们通过学习财商，已然成为中国的"富爸爸"，这也是我们修订此书的动力。20年来，"富爸爸"系列也在不断地增加新的"家族成员"，新书的内容也越来越贴合当下经济的快速发展以及国内风起云涌的经济大潮，我们也在十几年的财商教育过程中摸索出了一套适合国内大众群体的"MBW"财商理论体系，即从创富动机、创富行为习惯、创富路径三方面培养学员的财商，增强大家和财富打交道的积极意识，提高抗风险的能力。

曾有一位来自深圳的学员告诉我，他当年就是因为读了《富爸爸穷爸爸》一书，并通过系统的财商训练，才在事业上取得了巨大的成功。难能可贵的是，成功后的他并没有独享财富，而是将自己致富的秘诀——"富爸爸"财商理念分享给了更多想要创业、想要致富、想要成功的人。

在"富爸爸"的忠实读者群中，类似的成功故事还有很多很多。在"富爸爸"的影响下，每一位创富的读者都非常乐意向更多的朋友传授自己从财商训练中获得的成功经验。

值此"富爸爸"20周年之际，作者的最新修订版再次契合了时代的发展、读者的需要。在经济金融全球化的发展与危机中，作者总结过去、现在和未来财富的变化与趋势，并重温了富爸爸那些简洁有力的财商智慧，在中华民族伟大复兴的新时代，"富爸爸"系列丛书将结合财商教育培训，为读者带来提高财商的具体办法，以及在中国具体环境下的MBW创富实践理论。丛书的出品方北京读书人文化艺术有限公司将从图书、现金流游戏、财商课程等多角度多方面，打造出一个立体的"富爸爸"，不仅要从财商理念上引导中国读者，更要在实践中帮助中国读者真正实现财务自由。读者和创业者可以通过关注读书人俱乐部微信公众号，来了解更多有关"富爸爸"系列丛书和财商学习的信息。

正如富爸爸在书中所说，世界变了，金钱游戏的规则也变了。对于读者和创富者来说，也要应时而变，理解金钱的语言、学会金钱的规则。只有这样，你才能玩转金钱游戏，实现财务自由。

汤小明

读书人俱乐部

目录

序言

你在哪个象限？这个象限适合你吗？

　　在财务方面，你自由吗？如果你正站在财务之路的岔道口不知何去何从，那么本书正是为你而写的；如果你想控制自己今天的行为，从而改变未来的财富命运，那么本书将帮助你设计出具体的行动路线。下面请看一幅典型的现金流象限图：

E 代表雇员（Employee）　　　　　　B 代表企业主（Business owner）
S 代表自由职业者（Self-employed）　I 代表投资人（Investor）

　　我们每个人都至少位于现金流象限图 4 个象限中的一个，所处的位置取决于我们的经济来源。我们中的很多人靠薪水生活，属于雇员，另外一些人则是自由职业者。雇员和自由职业者都位于现金流象限图的左侧，那些从自己的企业或投资中获得现金流的人则位于现金流象限图的右侧。

这幅现金流象限图描述了商业世界中的4种不同类型的人：他们是谁？是什么决定了不同的人位于不同的象限？本书将回答这些问题并帮助你确定自己所处的象限。当你决定走上通向财务自由的道路时，本书还会帮助你制定一个计划，使你能够在未来成为自己想成为的人。当然，财务自由在这4个象限都能够实现，只不过拥有B或I的技能将使你更快地实现财务自由。从这个意义上说，每一个成功的E都应该努力使自己成为一个成功的I。

长大后，你想干什么

本书在很多方面可以说是《富爸爸穷爸爸》一书的续集。《富爸爸穷爸爸》讲述了我的两个爸爸在金钱问题和生活选择上给我的不同建议。这两个爸爸，一个是我的亲生父亲，另一个则是我最好的朋友的父亲；一个受过良好的教育，另一个却在中学时期就辍学了；一个一贫如洗，另一个则腰缠万贯。

每当有人问我"你长大了想干什么"时，我那有学问的穷爸爸总是提醒道："上学，考高分，然后找一份稳定而有保障的好工作。"

他向我推荐的实际上是这样一种生活道路：

学校

E　B
S　I

穷爸爸建议我将来做一名高薪雇员 E，或者高薪自由职业者 S，例如医生、律师或者会计师。我的穷爸爸非常重视稳定的薪水、各种福利和工作安全，这就是他成为一名高薪政府官员——夏威夷州教育厅厅长的原因。

相反，我那个没有受过太多教育的富爸爸却提出了完全不同的看法："上学，毕业，创办企业，做一名成功的投资者。"

他在推荐下面这种生活道路：

学校

E　B
S　I

《富爸爸穷爸爸》一书描述了我按照富爸爸的建议所经历的智力、情感和学习的过程。

本书为谁而写

本书是为那些想改变自身所处象限的人而写的，它尤其适合那些现在是 E 或 S 而正打算成为 B 或 I 的人。本书也是为那些准备抛开工作安全并开始寻求财务保障的人们而写的。尽管这个过程并不像一次简单的生活之旅那样轻松，但我相信旅程结束时所获得的奖励值得人们选择这次旅行，因为这是一趟实现财务自由的旅程。

在我 12 岁的时候，富爸爸曾给我讲过一个简单的故事，就是这个故事一直引导着我获得了巨额财富并最终实现了财务自由。这个故事充分体现了富爸爸对现金流左侧象限的 E 和 S 与右侧象限的 B 和 I 之间的不同之处所持的独特看法。故事是这样的：

从前有一个奇妙的小村庄。村里除了雨水没有其他水源。不过，这里可是人们生活的好地方。为了根本性地解决这个问题，村里的长者决定对外签订一份送水合约，保证每天都能有人把水送到村子里。有两个人愿意接受这份工作，于是村里的长者就和他们俩都签了合约。因为长者知道，一定的竞争既能使水的价格保持低廉，又能确保水的供应。

得到合约的两个人中有一个叫埃德，他立刻行动了起来。他买了两只镀锌的大号铁桶，每天奔波于 2 千米以外的湖泊和村庄之间，用他的两只桶从湖中打水并运回村庄，再把打来的水倒入村民们修建的一个结实的大蓄水池中。每天早晨他都必须比其他村民起得早，这样当村民需要用水时才能保证蓄水池中已经有了足够的水。埃德起早贪黑地工作，很快就赚到了钱。尽管这项工作相当艰苦，但是埃德很高兴，因为他能不断地赚钱，并且他对能够拥有两份专营合约中的一份而感到满意。

另外一个获得合约的人叫比尔，令人奇怪的是合约签完之后比尔就消失了，几个月以来，人们一直没有见过他。这更令埃德兴奋不已，因为没人跟他竞争，他赚到了所有的钱。

比尔干什么去了呢？原来他没有像埃德那样也去买两只桶，相反，他做了一份详细的商业计划书，凭借这份计划书找到了4位投资者，和他一起开了一家公司，并雇用了一位职业经理人。6个月后，比尔带着一个施工队回到了村庄。比尔的施工队花了整整一年的时间，修建了一条从村庄通往湖泊的大容量不锈钢管道。

在隆重的贯通典礼上，比尔宣布他的水比埃德的水更干净，因为比尔知道有许多人抱怨埃德的水中有灰尘。比尔还宣称，他能够每天24小时一周7天、不间断地为村民供水，而埃德却只能在工作日里送水，因为周末他同样需要休息。同时比尔还宣布，对这种质量更高、供应更为可靠的水，他收取的价格比埃德的价格低75%。村民们欢呼雀跃，奔走相告，纷纷要求立刻从比尔的管道上接水龙头。

为了与比尔竞争，埃德也立刻将他的水价降低了75%，并且又买了两只桶，开始一次运送4桶水，他还给每只桶加上了盖子。为了提供更好的服务，他雇用他的两个儿子帮忙，以便通过倒休在夜间和周末也能够工作。当他的儿子们要离开村庄去上学时，他深情地对他们说：

"快些回来，因为有一天这份工作将属于你们。"

出于种种原因，他的儿子们上完学后都没再回来。埃德不得已雇用了帮工，可又遇到了令他头痛的工会问题。工会要求他付更高的工资，提供更好的福利，并要求工会成员每次只运送一桶水。

此时，比尔却在思考：如果这个村庄需要水，其他的村庄一定也需要水。于是他重新制定了自己的商业计划，开始向全世界的村庄推销他的快速、大容量、低成本并且卫生的送水系统。每送出一桶水他只赚 1 便士，但是每天他能送几十亿桶水。无论他是否工作，几十亿的人都要消费这几十亿桶水，而所有的这些钱都流入了比尔的银行账户中。显然，比尔不只是开发了一条使水流向村庄的管道，他还开发了一条使钱流向自己口袋的管道。

从此以后，比尔幸福地生活着，而埃德在他的余生里仍拼命地工作，最后却还陷入了"永久"的财务问题中。

故事就这样结束了。多年来，比尔和埃德的故事一直指引着我，每当我要做出生活决策时，这个故事都能给我以帮助。我时常问自己：

"我究竟是在修管道还是在用桶运水？"

"我是在拼命地工作还是在聪明地工作？"

我对这些问题的回答使我最终获得了财务自由。

这就是本书所要讲述的内容，它将告诉你如何成为 B 和 I。它适合于那些已经厌烦了"用桶运水"，希望修建一条能够让现金流入（而不是流出）自己的管道的人们。

本书分为三部分

第一部分描述了分别处于 4 个象限的人之间的主要差别。它说明了为什么特定的人注定落在某些特定的象限，他们通常困在原地而没有认识到这一点。这一部分还将帮助你识别你现在处于哪个象限，以及你想在 5 年后处在哪个象限。

第二部分讲述的是你如何进行个人转变、你必须成为"谁"（而不是你必须做什么）。

第三部分告诉你迈向现金流象限图右侧象限的 7 个步骤。我将与你分享富爸爸的许多秘诀，这些秘诀是关于成为一名成功的 B 和 I 所需要的技能的——这些技能将帮助你选择实现财务自由的道路。

在本书中，我仍然强调财商的重要性。如果您想位于右侧的象限，即 B 象限和 I 象限，您就需要比位于左侧即 E 象限和 S 象限时更加精明。

要想成为 B 或 I，你必须有能力控制自己的现金流流向。本书是为那些想改变自己生活的人而写的，也是为那些想要摆脱工作安全的想法，开始构建自己的财富管道以获得财务自由的人而写的。

此刻我们正处于信息时代的开端，这个时代将提供给我们比以往更多的获取经济回报的机会，只有那些具有 B 和 I 技能的人能够识别并抓住这些机会。此外，一个人要想在信息时代获得成功，需要同时拥有来自 4 个象限的信息。遗憾的是，我们学校教育的大部分内容仍处于工业时代，仍然只是在教育学生们为在左侧象限生活做好准备。

如果你正在寻找迈向信息时代的新答案，那么本书将很适合你，它将在你通向信息时代的旅途中助你一臂之力。应该强调的是本书并未囊括所有答案，但是有着深刻的指导性和个人洞见，这些见解正是在我从 E 象限和 S 象限往 B 象限和 I 象限转变的亲身经历中获得的。

如果你已经准备开始通往财务自由的旅程，或者已经踏上了这段旅程，那么本书正适合你。

第一部分

现金流象限

CASHFLOW Quadrant:
Rich Dad's Guide to Financial Freedom

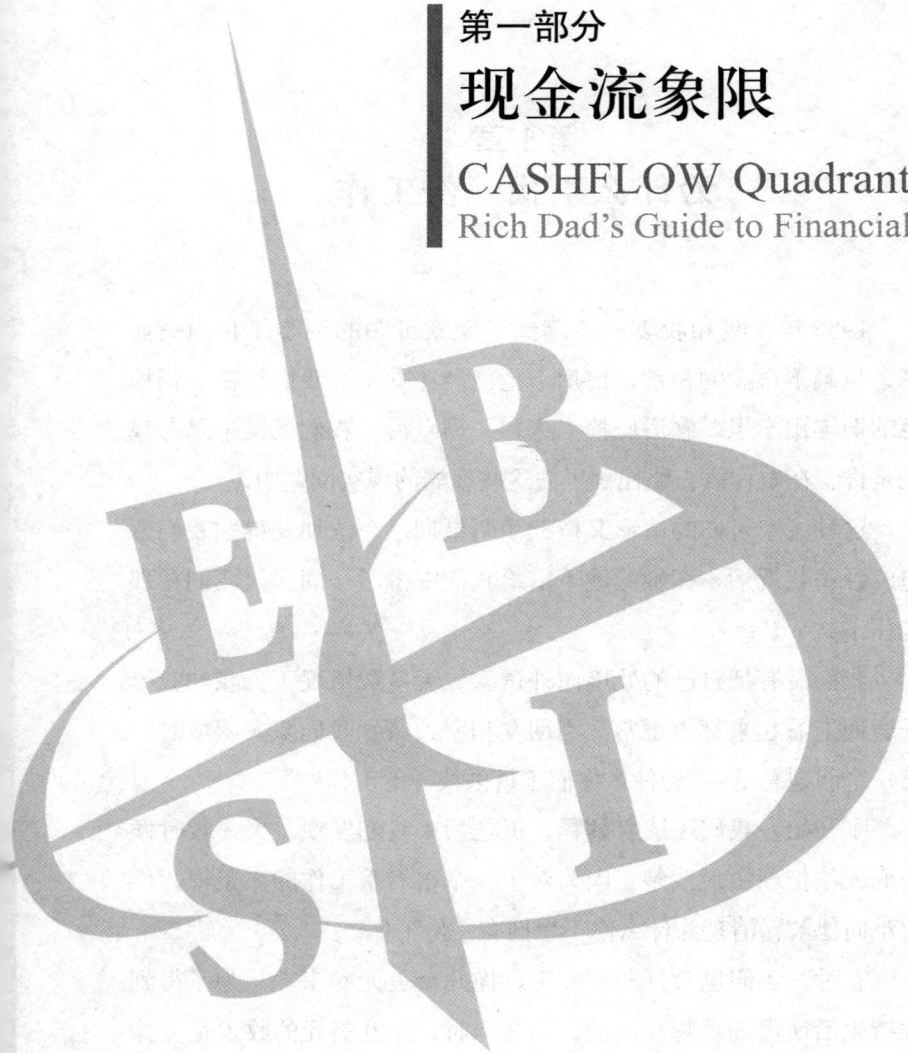

第 1 章
为什么不找一份工作

1985 年，我和我妻子沦落到了无家可归的地步，我们失业了，只剩下很少的积蓄，信用卡也已经透支了。我们住在一辆棕色的旧丰田车里，拿后座椅当床。一周以后，我们沉浸于思考我们是谁、在做什么、要往哪里去这些残酷的现实问题中。

这种无家可归的情形又持续了两星期。一位朋友得知我们窘迫的经济状况后，在她的地下室给我们安排了一间房，我们在那儿住了 9 个月。

我们没有把自己的处境向外透露。大多数情况下，我和我妻子表面上看起来都很正常。当朋友和家人获知我们陷入困境时，第一个问题总是："为什么你们不再去找一份工作？"

刚开始，我们还试着解释，但是后来我们发现，大多数时候我们无法把理由说清楚。因为对于一个很看重工作的人来说，你很难向他解释清楚为什么你不想拥有一份工作。

有时，我们也会打一些零工，挣几个美元回来，只为了得到维持生活所需的食物和汽油，而在当时，这几美元的收入是支撑我们为自己的独特目标奋斗的唯一能源。我必须承认，当我深深地陷入自我怀疑时，一份安全的、有保障的付薪工作是极有吸引力的，但是有保障的工作并不是我们追求的目标，我们便只有继续日复一日地在财务深渊的边缘艰难度日。

1985 年是我们生命中最糟糕的一年，也是最漫长的一年。显而易见，任何认为钱不重要的人都不能长期缺钱。我和我妻子经常争吵，恐惧、对生活前景的不确定和饥饿削弱了我们的情绪控制力，使我们总是和最爱自己的人争吵。然而，爱又把我们连在了一起，我们之间的感情由于艰苦的生活而日益深厚。我们知道目的地是哪里，却不知道能否抵达那里。

事实上，我们知道，我们完全能够找到一份安全、可靠并且高薪的工作，我们两人都是大学毕业生，并且有良好的工作技能和可靠的职业道德，但是我们想要的并不是工作上的稳定，我们追寻的是财务自由。

到了 1989 年，我们成了百万富翁。虽然在某些人眼中，我们已经在财务上获得了成功，但是我们仍然没有实现梦想——真正的财务自由，直到 1994 年这个梦想才最终得以实现。从那以后，我们可以不用再为余生而工作，我们在财务上彻底自由了，除非发生一些完全无法预知的金融灾难。

那一年，我妻子 37 岁，我 47 岁。

不用投钱就能挣钱

我用无家可归和一无所有的故事来开始本书，是因为我经常听人们说："要挣钱，就得先投钱。"

我不同意这种观点。从 1985 年的无家可归，到 1989 年的富裕生活，再到1994年的财务自由，我都没有投什么钱。我们起步时根本没有钱，而且负债累累。

挣钱也不需要有多么高的学历。我拥有大学学位，但是说真的，获得财务自由与我在大学里学到的东西没有多少关系，我学过多年的微积分、球面三角学、化学、物理、法语和英国文学等，然而这些知识很多我都已经不记得了。

许多成功人士在获得大学学位前就离开了学校。比如通用电气的创始人托马斯·爱迪生、福特汽车公司的创始人亨利·福特、微软的创始人比尔·盖茨、CNN的创始人特德·特纳、戴尔的创始人迈克尔·戴尔、苹果电脑的创始人斯蒂夫·乔布斯、Polo的创始人拉夫·劳伦等。大学教育对于传统职业而言的确十分重要，但是对于人们如何获取巨额财富却并不重要。托马斯·爱迪生等人开创了自己的宏图伟业，这也正是我和我妻子所追求的。

挣钱需要什么

人们经常问我："你告诉我不需要投钱就可以挣钱，又说学校也没有教我如何实现财务自由，那么挣钱到底需要什么呢？"

我的回答是：挣钱需要一个梦想、一系列决定、快速学习的决心、正确利用你天赋的能力以及辨别出你的收入来自现金流象限哪一部分的本领。

什么是现金流象限

下面这个图就是现金流象限图。

E 代表雇员　　　　　B 代表企业主
S 代表自由职业者　　I 代表投资人

您的收入来自哪个象限

现金流象限代表获得收入或金钱的不同途径。例如，雇员通过为另外一个人或一家公司工作而赚钱；自由职业者通过为自己工作而赚钱；企业主拥有能挣钱的企业，而投资者则从他们的各种投资中获利——换句话说，就是钱生钱。

不同的挣钱方式需要不同的思维模式、不同的专业技能、不同的教育背景以及不同的性格类型。不同的人被吸引到不同的象限中。

钱没有什么不同，但是挣钱的途径却截然不同。当你开始留意每一个象限的不同特征时，或许你会问自己："我的收入主要来自哪一个象限呢？"

每一个象限都不同。虽然在同一象限挣钱的方式完全相同，而从不同的象限中挣钱却需要不同的技能和个性。从一个象限往另一个象限转变，就好比上午打高尔夫，晚上转而去跳芭蕾舞。

你能从任何一个象限中挣到钱

　　我们当中的大部分人都具有从这4个象限中挣钱的潜力。我们选择从哪个象限中挣钱，与我们在学校学到的东西没有多大关系。这种选择最终还是取决于我们是谁，即我们的核心价值观、优势、劣势和兴趣所在。正是这些关键的不同之处吸引我们进入或者迫使我们离开某个象限。

　　然而，不论从事何种职业，我们都可以从4个象限中选择工作。例如，一位医生可以选择做一名雇员E来挣钱。他可以加入一家大医院，也可以在公共医疗服务系统中为政府工作，或者做一名军医，或者加入一家需要医生的保险公司。

　　这位医生还可以选择成为一名自由职业者S。他可以开办一家私人诊所，成立一个办公室，雇用员工并建立一份私人客户名单。

　　这位医生还可能选择做一名企业主B。他可能拥有一家诊所或实验室，并雇用其他医生工作。他或许还会聘请一名职业经理人去管理这个机构。在这种情况下，他将拥有企业，但不必在该企业工作。他也可能拥有一家与医学无关的企业，并同时依附于别的机构来行医，在这种情况下，他将同时作为B和E挣钱。

　　作为I，这位医生会向别人的企业投资，或者是在股票市场、债券市场和不动产市场等金融市场上投资挣钱。

　　重要的是"收入来自……"。我们做什么不要紧，以何种方式挣钱才最关键。

挣钱的不同途径

恰恰是我们的核心价值观、优势、劣势和兴趣的内在差别，而不是别的什么东西，影响着我们从某个象限挣钱。一些人喜欢当雇员，而另一些人不喜欢；一些人喜欢拥有自己的公司，但不想亲自管理，另一些人喜欢拥有公司并管理它们；一些人喜欢投资，而另一些人只看到赔钱的风险。我们大多数人都同时具有以上每一种性格的一些特征，而要在4个象限获得成功则通常意味着人们改变了某些核心价值观。

4个象限都可能富有，也可能贫穷

应该提醒你的是：在这4个象限，你可能变得很富有，也可能变得很贫穷。每个象限中都有百万富翁，也有濒临破产的人。处在某一个象限并不能确保你在财务上取得成功。

不是所有的象限都一样

通过了解每一个象限的不同特征，你将更好地认识到哪一个或哪些象限最适合你。

例如，我选择主要在B象限和I象限工作的原因之一在于税收减免。对于大多数在左侧象限工作的人来说，几乎没有什么合法的避税途径，而在右侧象限却存在很多方式。通过在B和I象限挣钱，我不但能够快速挣钱，让钱长久地为我服务，而且不必因为缴税而损失一大笔钱。

挣钱的不同途径

当人们问我和我妻子为什么会无家可归时，我告诉他们因为我的富爸爸告诉过我关于钱的知识。对我来说，钱很重要，但是我不想花费一生去为钱工作，这就是我不想找一份工作的原因。如果想成为有责任感的公民，我们就会希望让钱为自己工作，而不是我们为钱操劳一生。

这就是现金流象限之所以如此重要的原因，它区分了产生金钱的不同途径，即除了靠体力劳动挣钱外，还有其他一些更有效的挣钱方法。

不同的父亲，不同的金钱观

我的很有学问的爸爸坚信，喜欢钱是一种罪恶，过分地赢利意味着你很贪婪。当报纸上公布出他挣了多少钱时，他感到非常尴尬，因为他觉得，与那些他手下的教师相比，他的工资太高了。他是一个善良、诚实、勤奋工作的好人，努力捍卫自己的观点：钱对于生活并不重要。

这位很有学问的穷爸爸总是说：

"我对钱不感兴趣。"

"我永远也不想发财。"

"我买不起。"

"投资有风险。"

"钱不是一切。"

钱可以维持生计

我的富爸爸持有不同的观点。他认为，花掉一生的时间去为钱工作是愚蠢的，但认为钱不重要也同样是不明智的。富爸爸相信生活本身比钱更重要，但是钱对于维持生计也很重要。他经常说："一天只有 24 个小时，你也只能如此努力地工作，为什么要为挣钱而拼命工作呢？应该学会让钱和别人为你工作，这样你才能自由地去做其他重要的事情。"

对我的富爸爸而言，下面这些才是最重要的：

1. 有时间教育孩子。
2. 有钱捐赠给他所支持的慈善机构和慈善工程。
3. 为社区创造就业机会，维护经济稳定。
4. 有时间和金钱照顾自己的健康。
5. 能够与家人周游世界。

"这些事情要花钱，"富爸爸说，"这就是钱对我而言如此重要的原因，但是我不想花费一生为钱工作。"

选择象限

当我们无家可归时，我和我妻子仍选择在 B 象限和 I 象限工作，原因之一是我接受过很多这方面的培训和教育。由于富爸爸的引导，我了解每一个象限不同的财务优势和职业优势。对我而言，右侧的 B 象限和 I 象限，能提供实现财务成功和财务自由的最好机会。

在我 37 岁那年，我已经历了在所有这 4 个象限的成功与失败。这些经历使我对自己的性格、好恶、优缺点有了一定的了解，我知道自己在哪个象限能做得最好。

父母就是老师

当我还是个小男孩时，我的富爸爸就经常提到现金流象限，他总是给我解释在左侧成功的人和在右侧成功的人之间的差别。然而，我那时太年轻，并没有真正地思考过他的话，我不理解雇员和企业主的思维到底有什么差别。那时我正在努力不被学校开除。

然而，这些话我确实听进去了，并且很快开始起作用了。两个精力充沛并且成功的父亲形象围绕着我，影响着我，也正是他们所做的截然不同的事情，让我开始注意到 E-S 象限和 B-I 象限之间的差别。起初，这些差别是微小的，后来就变得越来越明显了。

例如，当我还是个小男孩时，我曾有过一种痛苦的体验——看两个爸爸中哪一个有更多的时间陪我。随着我的两个爸爸一天比一天变得更加事业有成、地位显赫，很明显，我的亲爸爸花在我妈妈和 4 个孩子身上的时间越来越少。他总是到处奔波，参加会议或者奔向机场去参加更多的会议。他越是成功，我们全家人在一起吃饭的次数就越少。甚至周末，他也会待在自己拥挤的小办公室里，埋首于一大堆文件中。

相反，富爸爸越成功，他的闲暇却越多。我之所以学到很多关于金钱、财务、商业和生活的知识，原因之一在于我的富爸爸有越来越多的自由时间陪伴我和他的孩子们。

另一个例子是，随着我的两个爸爸都越来越成功，他们挣的钱也越来越多，但是我的亲爸爸，即很有学问的爸爸，同时陷入了更深的债务危机中。他不得不更加努力地工作，却突然发现自己已身处更高的所得税率级别上了。这时他的银行家和会计师建议他买一幢更大的房子以实现所谓的"税收减免"。我爸爸接受了这项建议，购买一幢更大的房子，但他不得不更加努力地工作，好赚更多的钱来支付新房子……这样做的结果是他离自己的家人更远了。

我的富爸爸则截然不同。他赚到的钱越来越多，缴纳的税却越来越少。他也有银行家和会计师，但是，他得到的建议与我的有学问的爸爸得到的建议并不相同。

主要原因

我那处于事业巅峰的、有学问的穷爸爸身上发生了一件事，使我决定不选择现金流的左侧象限。

20世纪70年代初，我已经从大学毕业了。因为我马上要被派去越南，所以在佛罗里达州的彭萨科拉湾接受海军陆战队飞行员的培训。我爸爸当时是夏威夷州教育厅厅长，也是州长的得力助手。一天晚上，他给我打了个电话。

"孩子，"他说，"我准备辞掉工作，代表共和党参加夏威夷州副州长的竞选。"

我吃了一惊，随后问道："你要和你的老板竞选职位？"

"是的。"他回答道。

"为什么呢？"我说，"共和党人在夏威夷快没有地位了，民主党和工党的势力太强大了。"

"我知道，孩子，我也知道我们不能祈求成功。萨缪尔·金法官将是州长候选人，而我是他的竞选搭档。"

"为什么？"我再次问道，"为什么你明知道会失败，却还要与你的老板竞争？"

"因为我的良心让我不得不这么做，政客们玩弄的那套把戏令我气愤。"

"你是说他们贪污腐败？"我问。

"我不想那么说。"爸爸说。要知道我爸爸是一个诚实而且品行端正的人，他几乎不说任何人的坏话，一直很随和。然而，从他的声音中我能够肯定，当他说出下面这些话时，正处在一种非常气愤和不安的情绪中："我只是想说，每当我看到幕后的真相时，我的良心就会受到煎熬。如果我睁只眼闭只眼，什么事都不做，我将无法活下去。我的良心比工作和薪水更重要。"

长时间的沉默之后，我意识到爸爸的确已经下定了决心。"祝您好运，"我平静地说，"我为您的勇气感到骄傲，我为做您的儿子感到自豪。"

正像我们预料到的那样，我爸爸和共和党一败涂地。获得连任的州长传出消息说，我爸爸将永远不会再在夏威夷州政府获得任何一份工作——事实的确如此。那年我爸爸54岁，他开始找工作，而我则去了越南。

我爸爸已人到中年才开始找一份新工作。他从一个高头衔低工资的工作换到更多的高头衔低工资的工作上去，多是担任非营利服务机构的常务董事，不是这一家就是另一家。

我爸爸个子很高，聪明而且充满活力。他在他唯一熟悉的领域即政府雇员的领域不再受到欢迎后，试着创办过几个小企业，有一段时间他还做过咨询顾问，甚至买下了一家知名店铺的特许经营权，但是这些事业都相继失败了。随着他的年龄越来越大，精力也不断衰退，他卷土重来的动力不断地减小；每次失败后他的意志都更加消沉。他曾是一个成功的E，却要在S象限求生存，在这个领域，他没有任何知识和经验并且心不在焉。他热爱公共教育事业，但是他找不到回去的方法，州政府拒绝雇用他的禁令在无声地起作用。在某种程度上，这就叫做"被列入黑名单"。

如果没有社会医疗保险，他生命中的最后几年将是一场彻底的灾难。他去世时，心灰意冷中带着愤懑，但仍保持着清醒的良知。

那么，是什么让我坚持着熬过了那段最黑暗的时光呢？是萦绕于脑海中的对我那有学问的爸爸的连绵回忆吧：他坐在家中，等着电话铃响，试图在商界—— 一个他一无所知的领域中获得成功。

然而，当我又回忆起我的富爸爸随着年岁的增长变得更加幸福和成功时，我的心中立刻感到欢欣鼓舞。富爸爸在他54岁的时候，不仅没有走下坡路，反而达到了事业的巅峰。很多年前，他就已经很富有了，现在他更是富可敌国。他经常因为购买怀基基海滩和茂伊岛等事件而被登上报纸，多年来，他有计划地经营企业和投资，这些都回报丰厚，他正在成为全岛最富有的人之一。

细微的差别变成巨大的不同

由于我的富爸爸给我解释过现金流象限，因此我能够轻易看出象限间的一些细微差别。这些细微的差别在人们工作多年后，将显露出巨大的差异。正是由于现金流象限的影响，我知道我先不必忙着决定做什么工作，而是要清楚，随着工作时间的推移我究竟想成为怎样的人。在我最艰难的日子里，正是那两位对我影响很大的爸爸让我获得了许多深刻的认识和教训，使我能够继续前进。

不仅仅是象限

现金流象限不仅仅是两条直线和几个字母。

透过这个简单的图形，你将发现一个完全不同的世界，以及观察世界的不同方式。作为一个从现金流左右两侧象限观察世界的人，我能够诚恳地说，由于你所处的象限不同，这个世界看起来也会大不相同——而这些不同正是本书要重点论述的。

一个象限并不比另一个好，每个象限都有优点和缺点。本书能够让你大致了解这些不同的象限，以及在每个象限中获得财务成功所需要的个人发展。我希望你能够用更敏锐的眼光去选择最适合你的财务自由之路。

学校里并没有教我们在右侧象限获得成功所必备的许多技能，这也许能够说明为什么微软的比尔·盖茨、CNN的特德·特纳以及通用电气的托马斯·爱迪生等人早早地离开学校。本书会介绍这些技能以及个人需具备的关键气质，这些是在B象限和I象限实现成功的必要因素。

首先，我将概述这4个象限，然后重点描述B象限和I象限。已经有很多描写如何在E象限和S象限获得成功的书了。

读完这本书，有些人也许想改变自己的挣钱方式，有些人也许仍乐意保持现状。你也可能会选择在多个象限，甚至在所有的4个象限中同时工作。我们每个人各不相同，而且一个象限并不一定比另一个象限更重要或者更好。世界上的每一个村庄、城镇、都市和国家，都需要有分别在这4个象限工作的人，从而确保整个社会的经济稳定。

也许，随着年龄的增长，我们会获得不同的经历，我们的兴趣也会发生改变。例如，我就注意到，许多刚离开学校的年轻人兴高采烈地开始自己的第一份工作，然而，几年以后，他们中的一些人不再沉迷于公司里的职位升迁，一些人则对他们所处的事业领域失去了兴趣。或许年龄和经验的变化会导致一个人去寻找获得成长、挑战、金钱回报和个人幸福的新方法。我希望本书能够提供一些达到这些目标的新观点。

总之，本书不是描写无家可归的故事，而是要帮你找到一个家——一个位于某个或几个象限的归属。

第 2 章
不同的象限，不同的人

"老狗学不会新把戏。"我那有学问的爸爸总是这样说。

好几次，我和他坐在一起时都尽自己最大的努力向他解释现金流象限，好让他了解一些新的财务方向。但他已经年近 60，他认为自己的很多梦想都不可能实现了。被列入黑名单后，他被排斥到了州政府的围墙之外，现在他却把自己也拉进了"黑名单"。

"我试过了，没有用。"他说。

他指的是自己曾经试着做一名自由职业顾问，希望在 S 象限开创事业，获得成功。他也曾把毕生的大部分积蓄投在一家有名的冰激凌特许经营店上，成了 B 象限的一名企业主，但最后都失败了。

他是个聪明人，当然能从概念上认识到这 4 个象限的每一个需要的技能都是不同的，他知道只要他想就能够学会这些技能。但一些因素阻止了他这样做。

一天午饭后，我同富爸爸谈到了我那有学问的爸爸。

"你爸爸和我不是一类人，"富爸爸说，"虽然我们都是人，都有恐惧、怀疑、信仰、优点和弱点，但是我们对这些基本共同点的反应或者处理方式大不相同。"

"你能告诉我区别在哪儿吗？"我问。

"这不是一顿午餐的时间就能说清楚的，"富爸爸说，"但是不同的反应方式正是导致我们一个处在这个象限而另一个处在那个象限的原因。当你爸爸想从E象限跨入B象限时，他理智上能理解这个过程，但情感上却无法接受。一旦事情进展得不顺利，他开始赔钱时，他就不知道该如何解决这些问题了——所以他就回到了让他感觉最舒服的象限去。"

"有时是E象限，有时是S象限。"我说。

富爸爸点了点头说："对赔钱和失败的恐惧使我们的内心充满痛苦，这种恐惧我们都会有，只不过他会选择寻求安全保障，而我则选择追寻自由。"

"这就是最根本的区别。"我说着，示意服务员结账。

"虽然我们都是人，"富爸爸接着说，"但是当涉及金钱和对金钱的态度时，我们的反应完全不同。正是对这些态度的反应方式决定了我们会选择从什么象限获得收入。"

"不同的象限——不同的人。"我说。

"的确如此，"富爸爸说着，我们起身向门口走去，"想在任何一个象限获得成功，你需要掌握的都不仅仅是技能。你还要了解导致人们追寻不同象限的根本差别是什么。了解这一点后，生活就会变得更轻松。"

泊车服务员把富爸爸的轿车开了过来，我们握手道别。

"噢，最后一件事，"我匆匆说道，"我爸爸还能改变吗？"

"当然。"富爸爸说，"任何人都能改变，但是改变所处的象限跟换个工作或职业不是一回事。改变象限通常是对你是谁、你如何思考、你如何看待这个世界的一种根本性转变。一些人比另一些人更容易作出改变，因为前者乐于改变而后者抗拒改变。改变所处象限往往意味着体验一种完全不同的生活方式。这种改变与毛毛虫破茧成蝶的古老故事一样意义深远。不仅你要变，你的朋友圈子也要变。如果你仍旧和你的老朋友待在一起，那么毛毛虫很难做出蝴蝶所做的事情。因为这种改变太大了，所以很多人做不到。"

泊车服务员关上车门，富爸爸开车走了，而我仍站在原地思考着这些差别。

这些差别是什么

如果我不太了解对方，怎样才能辨别出他是E、S、B还是I呢？有一种方法就是倾听他们说话。

富爸爸最伟大的本领之一就是能够"读"人，不过他认为，不能"仅从书皮判断一本书"。富爸爸和亨利·福特一样，没有受过高等教育，但是他们都知道如何组织别人工作，如何与别人一起工作。富爸爸总是对我说，把聪明的人安排在一起，让他们在一个团队中工作，是他的一个看家本领。

从9岁起，我的富爸爸就开始教我成为成功的B和I所需要的本领，其中之一就是透过表面抓住一个人的本质。富爸爸过去常说："只要听一个人说话，我就能够了解并感觉到他的灵魂。"

所以我9岁的时候，当富爸爸招聘员工时，我就和他坐在了一起。从这些面试中，我学会了不仅要倾听话语，更要通过交谈来判定对方的基本价值观。富爸爸说，一个人的价值观源于他们的灵魂。

E 象限的话

来自 E 象限的雇员可能会说：

"我正想找一份稳定、有保障、薪水高、福利好的工作。"

S 象限的话

来自 S 象限的人，即自由职业者，可能会说：

"我的工资是每小时 35 美元。"

或者："我的正常佣金是总价格的 6%。"

或者："看起来我找不到想做这项工作又能把它做好的人。"

或者："我在这个项目上已经花了 20 多个小时了。"

B 象限的话

在 B 象限工作的人，即企业主，可能会说：

"我正在寻找一个新总裁来管理我的公司。"

I 象限的话

在 I 象限中的人，即投资人，可能会说：

"我的现金流是基于内部收益率还是净收益率呢？"

语言就是工具

一旦富爸爸了解了他正在面试的那些人的本质，至少在那一刻，他就知道了对方真正想要什么，自己需要提供什么，以及同对方交谈时要说些什么。富爸爸总是说："语言是强有力的工具。"

富爸爸经常提醒他儿子和我记住这句话："如果你想成为一个领导者，那么你首先要成为一个语言专家。"

所以，要成为一位成功的企业主B，必备技能之一就是做一个语言专家，学会对不同的人说不同的话。他训练我们先仔细地听对方使用的词语，然后让我们懂得自己可以使用哪些词语，以及何时使用它们来回应别人从而达到最好的效果。

富爸爸解释道："一个词可以令一种人感到振奋，也可以使另一种人感到厌烦。"

比方说，"风险"这个词可以让I象限的人激动万分，却会唤起E象限的人的强烈恐惧。

富爸爸强调说，要想成为伟大的领导者，我们先得成为伟大的倾听者，如果你没有倾听别人使用的语言，你将无法感受到他们的灵魂。如果你没有感受到他们的灵魂，你永远也弄不清楚你在跟谁交谈。

根本差别

富爸爸之所以说"倾听他们的谈话，体察他们的灵魂"，是因为一个人所选择的词语体现着这个人的基本价值观和他与别人的根本差别。下面是一个象限的人区别于其他象限的人的一些普遍特征。

E

1. E（employee，雇员）当我听到人们说到"保障"或者"福利"的时候，我就知道他们本质上是哪一类人了。"保障"这个词通常反映出恐惧的心理，一旦感到恐惧，E 出于对安全感的需要就会使用这个词。涉及金钱和工作时，很多人甚至憎恨那种伴随经济无保障而来的恐惧感——因此他们渴望获得保障。

"福利"这个词意味着这类人还喜欢某种额外的报酬，而且是一种明确的有保证的额外津贴，诸如医疗计划或退休计划。关键是，他们想获得保障，并且看到这些保障以书面形式确定下来，不确定性会使他们感到不快乐，确定性才能让他们放心。他们内心有个声音："我将给你这个——同时你得答应回报我那个。"

他们希望用某种程度的确定性来平息自己心中的恐惧，所以在求职时，他们要寻求保障和严格的工作协议。他们会说"我对钱并不那么感兴趣"，这的确是事实。

对他们而言，保障通常比金钱更重要。

雇员可以是公司的总裁，也可以是门卫。问题不在于他们做什么，而在于他们与雇用他们的个人或组织签订了怎样的协议。

2. S（ self-employed，自由职业者 ）这是一群想"做自己的老板"的人，或者是喜欢"为自己做事情"的人。

我称这类人为"亲力亲为的人"。

通常，涉及金钱问题时，一个顽固的、典型的 S 不喜欢让自己的收入取决于别人。换句话说，如果 S 努力工作，是因为他们认为自己的工作可以得到回报。这些 S 不喜欢自己挣来的钱由别人支配，或者由一群工作不如他们努力的人来支配。如果他们努力工作，那么请付给他们高薪；如果没有努力工作，他们也知道自己不该得到那么多。对于钱，他们有相当独立的态度。

恐惧感

E 即雇员，对缺钱的恐惧感的反应通常是寻求"保障"。而 S 则会做出不同的反应，S 不是通过寻求保障，而是通过控制局势和亲自解决问题来消除恐惧，这就是我称 S 为"亲力亲为的人"的原因。对于恐惧和财务风险问题，他们想"抓住牛角来控制牛"。

在这群人中，你会发现许多曾在学校学习多年，受过良好教育的"专业人士"，比如医生、律师和牙医。

S 除了接受传统的学校教育，还接受其他的教育方式。在这群人中，还有直接收取佣金的推销员，如房地产经纪人，以及诸如零售店老板、清洁员、餐厅老板、顾问、药剂师、旅行社代理人、机械师、管道工、木匠、牧师、电工、理发师和艺术家之类的小企业主。

这群人高唱的论调是"没人比我做得好",或者"我有自己做事的方式"。

自由职业者们通常是典型的"完美主义者",他们通常想把事情做得格外好。在他们的意识里,从不认为别人会做得比自己还好,因此实际上他们不相信别人会按照他们喜欢的方式做事——一种他们所认为的"恰当的方式"。在许多方面,他们的确是具有自己独特风格和做事方式的艺术家。

而这正是我们雇用他们的原因。如果你要雇用一名脑外科医生,你会希望他接受了多年的职业培训,有丰富的临床经验,但是最重要的是,你希望他是一个完美主义者。对于牙医、发型师、营销顾问、管道工、电工、律师和公司培训师而言,情况也是如此。站在顾客的角度,你会希望雇用最好的人来提供服务。

对于这群人来说,钱与他们的工作比起来并不是最重要的事情。他们的独立性、按照自己的方式做事的自由,以及在自己的领域里被尊为专家,都要比单纯的金钱重要得多。当你雇用他们时,最好的方式就是告诉他们你想要什么结果,然后把事情留给他们自己去做。他们不需要也不想被监督,如果你干预太多,他们只会停下工作,然后让你另请高明。钱的确不是第一位的,最重要的是他们的独立性。

这类人通常不愿意雇用别人去做他们所做的事情,因为他们认为没有人能够胜任这项工作。他们经常说这样一句话:"现在很难找到好帮手。"

而且,如果这类人培训某个人做他们所做的事,那个接受培训的人在培训结束之后往往也会"做自己的事""做自己的老板""按自己的方式做事",以及"找机会表现自己的个性"。

许多 S 型的人不愿雇用或培训他人,因为一旦培训结束,这些人通常就会变成自己的竞争对手。这反过来也使他们更加努力地工作。

3. B（business owner,企业主）这种类型的人几乎就是 S 的对立面,那些真正的企业主 B 喜欢自己身边围绕着来自 E、S、B 和 I 这 4 个象限的精英们。S 不喜欢委派工作(因为没有人能做得更好),而真正的 B 则喜欢分配工作。B 的座右铭是:如果你有能力雇用别人为你做事,而且他们能比你做得更好时,为什么还要自己做呢?亨利·福特就是这类人。有一个广为流传的故事,说的是一群所谓的知识分子谴责福特"无知",他们认为福特实际上什么也不懂。为此福特邀请这些人到办公室向自己提问,他愿意回答任何问题。于是这个小组召集了全美最有影响力的实业家,并开始向福特提问。福特很仔细地听了他们的问题,提问结束时,他仅仅打了几个电话,就叫来了几个聪明的助手,由他们解答了小组提出的问题。最后他告诉这个小组,他喜欢雇用那些受过良好教育、知道答案的聪明人,这样他就能让自己的大脑保持清醒,以便做更重要的工作,比如思考。福特的一句名言这样说道:"思考是世界上最难的工作,因此很少有人从事这项工作。"

领导力就是激发人们做出最好表现的能力

富爸爸的偶像是亨利·福特。他让我读了很多关于福特和标准石油公司创始人约翰·戴·洛克菲勒这类人的书。富爸爸经常鼓励他的儿子和我学习领导的艺术和经商的技能。我现在才认识到，许多人可能具有其中的一种才能，但是作为成功的B，你的确需要同时具备这两种才能。我还认识到，这两种才能都可以通过学习获得。经商和领导才能不仅是一门科学，也是一门艺术，对我而言，这两者是我要用自己的一生去学习的。

当我还是一个小男孩时，富爸爸送给我一本童书——《石头汤》，这本书是马西娅·布朗在1947年写的，今天仍然可以在大书店里找到它。富爸爸让我读这本书并开始把我培养成企业领导的课程。

"领导力，"富爸爸说，"就是激发人们做出最好表现的能力。"因此，他将一些商业成功所必需的技能教给我和他的儿子，这些技能包括阅读财务报表、市场营销、推销、会计、管理、生产和谈判，并且他强调应该学会与他人合作和领导他人。富爸爸总是说："经商的技能都很简单……困难的是与人们一起工作。"

为了时刻提醒自己，直到今天我仍在读《石头汤》，因为在事情没有按照我的意图发展时，我总是倾向于成为一个暴君，而不是一个领导者。

企业家的发展路径

我经常听到这样的话："我打算开始自己的事业。"

许多人都倾向于相信，通往财务安全和幸福的途径是"开创自己的事业"，或者是"开发一种别人没有的新产品"。

因此，他们匆忙地开办了自己的企业，在很多情况下，这是他们选择的道路：

许多人迂回行事，从S型企业而不是从B型企业起步。我说过，并不是B型一定比S型好，两者各有优缺点，各有风险和回报。但是许多人开始也想创办B型企业，却进而变成了一个S型企业，这使他们在进入右侧象限的探索过程中陷入了困境。

很多新企业家想这样做：

但是他们却选择了迂回的做法，结果被困在那里，图形变成了：

然后他们尝试这样做：

　　但是仅有很少一部分人尝试成功了。为什么呢？因为在每个象限获得成功所需要的专业技能和人际沟通技巧通常是不同的。你必须学会一个象限所需要的技能和思维方式才能在该象限取得真正的成功。

S 型企业与 B 型企业的区别

真正的 B 型企业主可以离开他们的生意一年或者更长的时间,当他们回来时,会发现他们的企业比他们离开时更能赢利,运作得也更好。而在 S 型企业中,如果 S 离开他的企业一年或更久,那么等他回来时,就会发现他的企业已没有什么生意可做了。

那么,是什么导致了这种区别呢? 简单地说,一位 S 拥有的是一份工作,而一位 B 拥有的则是一个系统,他只需要雇用合适的人去操作这个系统就可以了。换句话说,在很多情况下,S 就是那个系统,因此他们无法离开。

以牙医为例,一位牙医花费数年时间在学校里学习,最后成了一个自我控制的系统。而你是一位牙痛的顾客,你去看牙医,他为你治好了牙,你付钱后回家。你很满意,并向所有的朋友推荐这位不错的牙医。很多情况下,牙医能够独立完成全部的工作。问题是,如果他去度假了,那么他的收入也就没有了。

B 型企业主可以永远度假,因为他们拥有一个系统,而不是一份工作。当 B 在度假时,钱照来不误。

要想做一个成功的 B,需要有:

1. 对系统的所有权或控制权;
2. 领导他人的能力。

如果 S 想要发展成 B,需要把他们自己和他们所知道的事情转变成一个系统——但是很多人无法做到这一点——也许是因为他们与这个系统的联系太过紧密了。

你能做出比麦当劳更好的汉堡吗

许多人向我咨询如何创办一家公司，或者如何从一件新产品或一个新想法上赚到钱。

通常我花 10 分钟左右听他们讲话，就能判断出他们关注什么东西。他们关注的是产品还是企业系统呢？在这 10 分钟内，我听到最多的是这样一些话（请记住要做一名优秀倾听者，要从话语中认识一个人灵魂深处的核心价值观）：

"这种产品比某某公司产生的要好得多。"

"我已经四处打探过了，还没有人生产这种产品。"

"我把生产这种产品的方法告诉你，不过你要给我 25% 的利润提成。"

"我已经为此（产品、书、乐谱、发明）钻研多年了。"

这些话通常出自现金流左侧象限，即E象限或S象限的人之口。

这时候，表现出温和的态度是很重要的，因为我们正在面对的是沿用多年——甚至是世代相传的核心价值观和看法。如果不够温和或耐心，我可能会毁掉一个脆弱而敏感的想法，更重要的是，我可能会毁掉一个正准备转变到另一个象限的人。

汉堡包和商业

我需要表现出温和的态度，为了做到这一点，在交谈中，我经常用"麦当劳汉堡包"的案例进行说明。听完他们的讲述后，我会慢慢地问道："你能做出比麦当劳汉堡更好的汉堡包吗？"

到目前为止，那些与我交谈过的有新想法或新产品的人们，百分之百地回答说"能"。他们能够烹制并提供比麦当劳汉堡包更好的汉堡包。

这时，我会再问他们一个问题："你能够建立起比麦当劳更好的企业系统吗？"

一些人立刻看出了不同，另一些人则没有。其中的差异就产生于这个人的思维是固定在左侧象限，即只关注做更好的汉堡包，还是固定在右侧象限，即关注企业系统。

我想要说明的是，有很多企业家都能提供比那些跨国公司更好的产品或服务，就像有几十亿人都能做出比麦当劳汉堡包更好的汉堡包一样，但是只有麦当劳拥有能够提供几十亿人吃的汉堡包的企业系统。

看看另一边

如果人们开始注意另一侧象限，那么我建议他们去麦当劳，买个汉堡包，坐在那儿，观察汉堡包的生产系统。留意运送汉堡包的卡车，提供牛肉的牧场主，购买牛肉的人，以及麦当劳的电视广告。注意他们训练那些新来的年轻人说的同样一句话——"您好，欢迎光临麦当劳"，以及特许经营店的装潢，分区的办公室，烤制小面包的面包房和那几百万磅全世界吃起来都是一个味道的薯条，然后搜集那些在华尔街上为麦当劳融资的证券经纪人的名字。如果能够开始了解这"整个画面"，那么他们才有可能转变到 B 和 I 一侧的象限去。

事实上，世界上存在着无数的新想法，有几十亿人能够提供几百万种服务或产品，但是只有少数人知道如何建立起卓越的企业系统。

微软的比尔·盖茨没有创造出一种伟大的产品，他买来了别人的产品，并以这些产品为基础建造了一个强有力的全球系统。

4. I（investor，投资人） 投资人用钱来赚钱。他们不必工作，因为他们的钱在为他们工作。

I 象限是有钱人的游乐场。不管人们在哪个象限挣钱，如果他们希望有一天变得富有，他们最终都要进入 I 象限。正是在 I 象限，钱开始转变成财富。

现金流象限

这就是现金流象限。这幅象限图简单地区分出了收入的不同来源，不论是作为 E（雇员）、S（自由职业者）、B（企业主），还是 I（投资人）都包括在内。我将他们之间的差别总结如下（见下页图）。

E 拥有一份工作 | B 建立一个别人为你工作的系统

S 做自己的老板 | I 钱为你工作

OPT 和 OPM

相信很多人都听说过，获得巨额财富的秘诀是：

1. OPT：Other People's Time 的缩写，即：他人的时间。
2. OPM：Other People's Money 的缩写，即：他人的金钱。

OPT 和 OPM 在右侧象限可以找到。大多数情况下，在左侧象限工作的人就是那些 OP（other people，他人），他们的时间和金钱被利用了。

我和我妻子花时间去建立一个 B 型企业而不是一个 S 型企业，就是因为我们认识到"使用他人的时间"就可以获得长期收益。而做一名成功的 S 有一个弊端，要成功意味着更多的辛苦工作。换句话说，工作得越出色越有可能导致更辛苦的工作和更长时间的工作。

在设计 B 型企业时，成功意味着扩大系统并雇用更多的人。换句话说，你工作得更少，挣的钱却更多，享受的自由时间也更多。

本书接下来将着重介绍右侧象限所需要的技能和思维方式。我的经验是，在右侧象限获得成功需要一种与众不同的思维方式和技能。如果人们能灵活地改变思维方式，那么，我想他们将发现，获得更大的财务安全或财务自由的过程是很容易的。但是对于另外一些人，这个过程可能非常困难，因为他们固执地僵化于一个象限和一种思维方式。

至少，你会发现，为什么有些人很少工作，却能多挣钱、少纳税，并且在财务上比别人更安全。其实只不过是因为他们知道应该在哪个象限工作以及何时进入这个象限。

财务自由指南

现金流象限理论并不是一套必须遵循的规则，它能指导的只有那些想要运用它的人。它曾引导我和我妻子走出财务困境，获得财务安全，最后达到财务自由。我们不想把自己生命中的每一天都浪费在上班和为钱工作上。

富人与其他人的区别

几年前，我读到一篇文章，说大部分富人 70% 的收入都来自投资，即 I 象限，只有不到 30% 的收入来自工资，或者说 E 象限。如果说他们是一个雇员 E，那么其实他们是自己公司的雇员。

这类人的收入情况如下图所示。

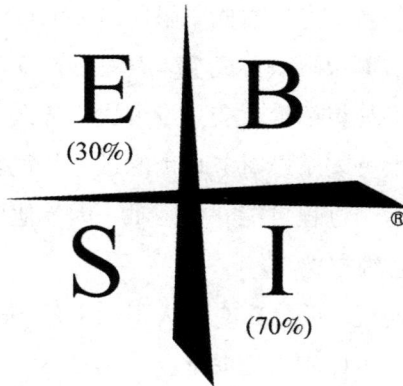

对于大多数人，比如穷人和中产阶级来说，他们的收入中至少有80%是来自E象限或S象限的工资，只有不到20%来自投资，即I象限。

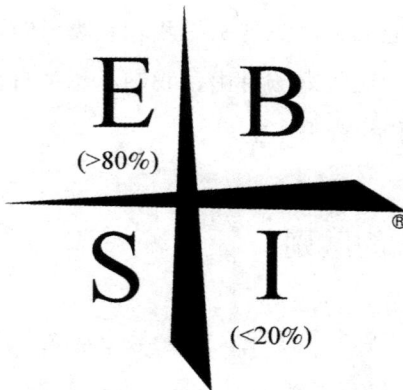

有钱与富有的区别

在第一章里,我写到自己和妻子在 1989 年成了百万富翁,但是直到 1994 年才实现了财务自由,这中间就包含了有钱与真正富有之间的区别。在 1989 年,我们的企业赚了很多钱。由于我们的企业系统不再需要我们出力就能不断地发展,因此我们挣钱更多,工作却更少了。我们取得了大多数人眼中的财务成功。

但是,我们仍需要把来自企业的现金流转变成有形资产,以带来更多的现金流。我们已经把自己的企业经营得很成功了,现在我们要集中精力增加我们的资产,让这些资产为我们带来比生活支出还要多的现金流。

适用于我们的图表如下图所示:

到 1994 年，我们的全部资产所带来的稳定收入开始超出我们的总支出。这时，才可以说我们达到了富有的水平：

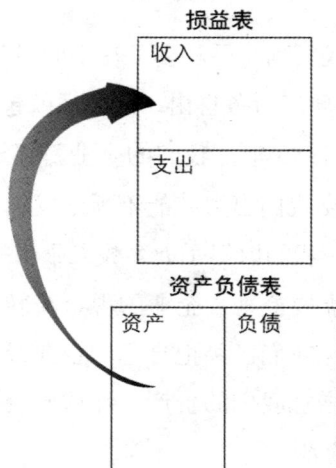

损益表

收入	
支出	

资产负债表

资产	负债

事实上，也可以把我们的企业看成一项资产，因为它能够产生收入，而且无需太多的实际投入就能运作。但出于我们自己对财富的认识，我们想确保自己同时也拥有另外一些诸如房地产之类的有形资产以及股票，以带来超过支出的被动收入[①]。这样才能够实事求是地说，我们很富有。当我们的资产带来的收入超过了企业所产生的收入时，我们把企业卖给了合伙人，现在我们真的很富有了。

财富的定义

财富的定义是："当你完全不工作（或者你家里的所有人都完

[①] "被动收入"是指不用工作即可挣得的收入。

全不工作）时，在你现有的生活水平之下你所能生存的天数。"

例如，如果你每月的花费是 1000 美元，而你有 3000 美元的储蓄，那么你的财富就是大约 3 个月，即 90 天。财富是用时间衡量的，而不是用钱衡量的。

到了 1994 年，我和我妻子已经非常富有（能够应付巨大的经济变动）了，因为投资所带来的月收入已经远远超过了我们的月支出。

最终，问题不在于你挣了多少钱，而在于你能掌握多少钱以及这些钱能为你工作多久。每天我都会遇到很多人，他们挣的钱很多，但是所有这些钱都被用于支付各种开销。他们的现金流形式如下图所示：

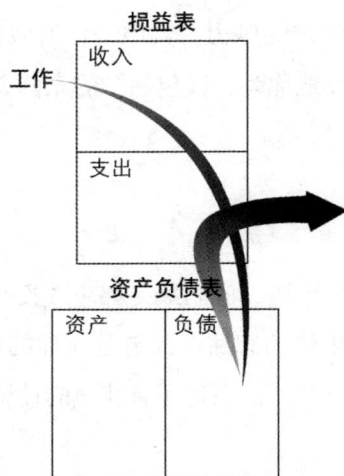

他们每当赚到一些钱，就会去购物。他们通常会买一所更大的房子或一辆新车，而这些导致他们长期负债和更辛苦的工作，并且没剩下任何一笔可以流入资产项目中去的钱。他们挣到的钱消失得如此之快，你甚至可以认为他们是服用了某种财务"泻药"。

红线财务

在汽车领域，有一种说法叫做"把引擎开到红线档"。"红线"就是指汽车引擎在不熄火的情况下所能维持的最快速度。

在个人财务方面，很多人，不论是富人还是穷人，经常处于财务"红线"上。无论他们赚多少钱，总是以挣钱的速度花掉钱。把你的汽车引擎开到红线档的麻烦就在于这样会使引擎的预期寿命缩短，把你的财务状况推到红线上去的结果也是一样。

我的几位医生朋友认为，现代人最主要的健康问题来自辛苦工作却总缺钱花所带来的压力。其中一位对我说，导致健康出现问题的元凶是一种被她称为"钱包癌"的东西。

钱生钱

不管人们挣了多少钱，他们最终都应该投些钱在Ⅰ象限。Ⅰ象限表达的是一种钱生钱的想法，或者是让你的钱工作、而你自己不必工作的想法。当然，认识到还有其他的投资方式也很重要。

其他的投资方式

人们还可以在教育上投资。传统的教育是非常重要的，因为你所接受的教育越好，挣钱的机会也就越多。花4年时间完成大学教育后，你的年收入会在2.4万～5万美元之间或者更多。假设普通人辛勤工作 40 年或者更长，那么 4 年的大学教育或者其他形式的高等教育将是一种非常好的投资。

忠诚和努力工作是另一种形式的投资，比如成为公司或政府的终生雇员。作为回报，他们可以通过合同获得终生津贴。这种方式流行于工业时代，但在信息时代已经过时了。

另一些人则投资于家庭，作为回报，他们的孩子会在他们年老时照顾他们。这种投资方式在过去是一种准则，然而现在，迫于经济压力，孩子们将越来越难以应付父母的生活费和医药费。

政府退休计划，比如美国的社会保险制度和医疗保险制度，通常通过从工资里扣除的方式支付，是一种法律监管之下的投资方式。但是由于人口结构和费用额的巨大变化，这种投资方式也许不能信守它的一些承诺。

还有一些独立的退休投资工具，我们称之为个人退休计划。联邦政府通过向雇主和雇员提供税收优惠，鼓励他们参加这样的计划。在美国，一个较流行的个人退休计划叫做"401（k）退休金计划"[①]，在一些国家，如澳大利亚，它被称为"超级年金"[②]。

投资带来的收入

虽然上面介绍了这么多投资方式，但是 I 象限的人往往喜欢这样一些投资方式——在做其他工作的同时能够带来收入的投

[①]　此计划是按美国国内税收总署的税收编号命名的。它允许雇主和雇员对一部分收入进行税收递延。

[②]　此计划由雇员、雇主、政府三方共同供款（2002 年 7 月 1 日分别为雇员薪水的 3%、9%、3%），是澳大利亚所有雇员必须参加的强制型养老计划。

资。因此，要确定一个人是否是一个合格的 I，所用的衡量标准与其他象限是一样的。那就是，请回答：目前你是从 I 象限获得收入吗？换句话说，你的钱在为你工作并为你带来收入吗？

让我们考虑一下这样一种人，他买了一所房子作为投资，并把它租出去。如果获得的租金多于管理房屋所付出的成本，那么这份收入就是来自 I 象限的。这对于从储蓄中获得利息收入或者从股票和债券中获得红利的人们来说，也同样适用。因此，I 象限的衡量标准就是你有多少收入是来自你不用在其中工作的象限。

我的退休账户是一种投资吗

定期把钱存入一个退休账户是一种投资，而且是一种聪明的做法。我们大多数人都希望自己在职业生涯结束时，看起来是个成功的投资者。但是在本书里，I 象限代表这样一种人，他们的投资收入在他们还在工作的时候就已产生。事实上，大多数人并不是投资于退休账户，而是在往自己的退休账户里存钱，他们希望当自己有一天退休时，能够拿到比存入的钱更多的钱。

把钱存入退休账户的人和通过投资、积极地用钱生出更多的钱的人之间，存在着巨大的差异。

证券经纪人是投资者吗

很多人都在投资行业中扮演着顾问的角色，但是依照定义，他们不是真正的从 I 象限获得收入的人。

例如，大多数证券经纪人、房地产经纪人、财务顾问、银行经理和会计师都是 E 或者 S。换句话说，他们的收入来自他们的专业工作，而不是来自他们所拥有的资产。

我有一些朋友是股票交易商，他们低价买入股票，希望高价卖出去。事实上，他们的职业就是"交易"，这就像开了一家零售商店，把商品批发进来，然后再零售出去。他们仍然需要付出劳动来获得金钱，因此，他们更适合 S 象限而不是 I 象限。

这些人都是投资者吗？答案是肯定的，但是要知道靠赚取佣金、按小时收费来出售建议或出谋划策来获得工资，或者靠尽量低买高卖来挣钱的投资者，同通过识别或者创造良好投资机会来挣钱的投资者之间是存在着差别的。

有一种办法可以检测你的投资顾问的水平如何，那就是：在他们自己的收入中，有百分之多少来自佣金或者说咨询费，有百分之多少来自他们自己的投资或者拥有的企业。

我有一些注册会计师朋友，他们在不透露客户隐私的情况下告诉我，许多专业的投资顾问几乎没有来自投资的收入。换句话说，"他们不做自己鼓吹的事情"。

来自 I 象限的收入的优点

因此，从 I 象限挣钱的人的主要特点是把精力集中在用钱挣钱上。如果他们擅长此技，就能让钱为自己及家人工作好几百年。

除了知道如何用钱挣钱和不必起早贪黑去上班这些显而易见的好处之外，还有许多税收方面的优惠是那些不得不靠工作挣钱的人所无法享受的。

富人变得更富的原因之一就是，他们有时能够挣到几百万美元，而且能够合法地不为这笔钱纳税。这是因为他们是在靠"资产项目"挣钱，而不是靠"收入项目"挣钱，或者说他们是作为投资者而不是工人来挣钱的。

那些靠工作挣钱的人，不仅要经常以较高的税率纳税，而且这部分税金会直接从他们的工资中扣除，因此他们永远也看不到自己的这部分收入。

为什么大多数人不是投资者

I象限是这样一个象限：工作很少，挣钱很多并且纳税较少。那么为什么人们不都去做投资者呢？这与很多人没有创办自己的企业的原因一样，概括成一个词就是"风险"。

很多人都不想把自己辛苦挣来的钱投出去并且收不回来，他们是如此害怕损失，于是选择完全不投资或者完全不冒险——无论他们可以挣到多少钱。

一位好莱坞的名人曾说："我担心的不是投资能带来多少回报，而是投资能否带来回报。"

根据人们对赔钱的恐惧，我们可以把投资者分为4大类：

1. 风险厌恶者，对他们来说最重要的是安全稳妥，他们宁愿把钱放在银行里；
2. 聘人代为投资的人，这类人会把钱交给理财顾问或共同基金经理人，让他们代自己投资；
3. 赌徒；
4. 投资者。

赌徒和投资者之间的区别在于：对于赌徒而言，投资是一种随机游戏；对于投资者来说，投资是一种技能游戏。而对于把钱转交给别人代为投资的人，投资通常是一种他们不想学习的游戏。对于这些人来说，最重要的事情是慎重挑选投资顾问。

在下一章中，本书将讨论投资者的 7 个等级，这会使投资者这个主题更加清晰。

风险最终能被消除

关于投资的好消息是风险能被最小化，甚至被消除，而且只要你真正了解了游戏的规则，就能从投资中得到高回报。

真正的投资者会问："我将以多快的速度收回我的本金？收回本金之后，我的余生还能得到多少收入？"

真正的投资者想知道的是他们收回本金的速度，而拥有退休账户的人却不得不等到多年以后才能查明自己的钱能否收回来，这是真正的投资者和把钱存入退休账户的投资者之间最根本的差别。

对赔钱的恐惧正是大多数人寻求保障的原因。然而 I 象限并不像人们想象的那样不安全，I 象限与其他象限一样，有自己的技能和思维方式。只要你愿意花时间学习，就能够学会在 I 象限获得成功所需要的技能。

一个新时代开始了

1989 年，柏林墙倒塌。这是世界历史上最重要的事件之一。在我看来，这次事件标志着工业时代的结束和信息时代的到来。

工业时代退休金计划和信息时代退休金计划的差别

工业时代开始的时间与 1492 年哥伦布航海远行的时间大致相当，1989 年柏林墙的倒塌标志了这个时代的结束。出于某种原因，在现代历史上，似乎每过 500 年就会发生一次伟大而剧烈的变化，我们现在就处在这样的时期。

这种变化已经威胁到数亿人的财务安全，而很多人还没有意识到这种变化将产生的经济影响，并且很多人将无法承受这种变化。我们可以在工业时代退休金计划和信息时代退休金计划的差别中发现这种变化。

当我还是个小男孩时，富爸爸就鼓励我用自己的钱去冒险，并让我学习投资。他总是说："如果你想变得富有，你就要学会如何冒险，学会成为一名投资者。"

回到家里，我把富爸爸的建议告诉我有学问的爸爸，我告诉他我们应该学会如何投资和管理风险。我那有学问的爸爸说："我不需要学习如何投资。我有政府的退休金计划，有一份来自教师工会的退休金，还有被担保的社保福利，为什么我还要拿自己的钱去冒险呢？"

有学问的爸爸相信工业时代的退休金计划，比如政府雇员退休金和社会保险福利。因此，当我加入美国海军陆战队时，他很高兴。当我奔赴越南时，他也不担心我可能会在越战中丢了性命，他只是说："20 年后，你就会得到一份退休金和终生医疗保险。"

虽然美国政府现在仍在使用这样的退休金计划，但它显然已经有些过时了。公司将对你退休后的生活负经济责任，政府也将通过退休金计划维持你退休后的需求平衡，这样的想法已是不再奏效的陈旧观念了。

人们需要成为投资者

当我们从固定福利退休金计划或者是我所说的工业时代的退休金计划，转变到固定缴款退休金计划即信息时代的退休金计划时，作为个人，我们就必须对自己的生活负起经济责任了。然而并没有多少人意识到这个变化。

工业时代的退休金计划

在工业时代，固定福利退休金计划意味着，公司将保证每个在世的退休员工定期获得一笔确定的金额（通常是每月支付）。因为这一计划确保了未来有一份稳定收入，所以它让人们感到有保障。

信息时代的退休金计划

但是有人改变了上面的规则，公司突然不再承诺给你退休后的财务保障，而是开始实施固定缴款退休金计划。"固定缴款"意味着你只能拿回你和公司在你工作期间所缴纳的钱，也就是说，你的退休金仅由你所贡献的价值来决定。如果你和你的公司没有事先缴款，那么你退休后就拿不到任何钱。

在信息时代，可喜的是，人的寿命将会增加；而可悲的是，你可能活得比你能领到退休金的日子还长。

有风险的退休金计划

而且，还有比这更糟的，你和你的雇主缴纳在这项计划中的钱已并不能保证在你决定取回时还存在，这是因为像 401（k）和超级年金这样的退休金计划也会受到市场的影响。换句话说，某天你的账户中可能还有 100 万美元，如果股市下跌了——这是每个市场都会突然发生的情况——那么你的 100 万美元可能只会剩下一半甚至分文不剩。终生获得收入保障的年代已经一去不复返了……可我在想，有多少正在进行这种计划的人能够意识到这一点。

这可能意味着，人们在 65 岁退休后，开始靠他们的固定缴款退休金计划生活，我们可以假设，他们到 75 岁时就花光了所有的钱，这时又该怎么办？难道掸掸简历重新开始找工作？

那么，政府的固定福利退休金计划又如何呢？在美国，社会保险制度预期到 2032 年就会解体，医疗保险制度到 2005 年就会破产，而那时正是那些婴儿潮一代开始需要它的时候。即使在今天，社会保险制度也没能够提供很多的收入。当 7800 万婴儿潮一代开始要回他们过去缴纳的钱——而钱并不在那儿时，天晓得会怎样？

1998 年，克林顿总统呼吁"拯救社会保险制度"的口号受到了广泛欢迎。然而，正如民主党参议员欧内斯特·霍林斯所说："很明显，挽救社会保险制度的第一要务就是停止掠夺它。"美国政府应该对他们数十年以来向退休基金"借钱"应付政府开支的行为负责。

许多政客似乎认为，社会保险基金是一笔能够用来花费的收入，而不是一项以信托方式保留下来的别人的资产。

太多的人依赖政府

我写书并且开发"现金流"游戏等产品，是因为我深刻地意识到我们正处在工业时代的末期，并将迈入信息时代。

作为一个公民，我担心的是，从我们这一代人开始，并没有多少人真正准备好了应付工业时代和信息时代之间的种种差别——尤其是我们应该怎样为退休做好财务上的准备。那种"上学，然后找份稳定而有保障的工作"的想法对于1930年以前出生的人来说是个好主意。然而，虽然今天每个人都需要上学以便找份好工作，但是我们还必须知道如何投资，而目前投资并不是学校里教授的科目。

工业时代的一个后遗症就是，有太多的人变得依赖政府去解决他们的个人问题。今天，由于授权政府承担我们自己应该承担的财务责任，使我们面临的问题更加严重。

据估计，到2020年，美国人口将达到2.75亿，其中将有1亿人期望获得某种政府援助。这些人包括联邦政府雇员、退伍军人、邮政工人、教师和其他政府雇员，以及期待社会保险金和医疗保险金的退休人员。并且，按照合同，他们的这种期待是无可厚非的，因为通过这种或那种方式，大多数人都已经在这种承诺中投了资。不幸的是，多年来积攒了太多的承诺，现在都要开始兑现了。

然而，我认为这些财务承诺实难兑现。如果我们的政府开始征更多的税以信守这些承诺，那么能够逃离的人都将逃往税率较低的国家。在信息时代，对于税收领域来说，"离岸"这个术语将不再指向另一个被看做避税港的国家——而可能指向"电子空间"。

剧烈的变化就在眼前

我想起约翰·肯尼迪总统的一句警言："剧烈的变化将要来临。"的确，这个变化就在我们身边。

一位在婴儿潮时期出生的预言家鲍勃·迪伦，在他那首名为《时代在改变》的歌中唱道："你最好学会游泳，否则你会像石头一样沉下去。"

不用成为投资者的投资

从固定福利退休金计划变为固定缴款养老金计划的过程正迫使着世界上数百万人成为投资者，而他们几乎没有受过任何投资方面的教育。许多人终其一生都在避免财务风险，而现在却不得不去面对它。这些财务风险随着他们生活的进展、年龄的增长和工作的结束而来。大部分人只有在退休时才会知道，自己到底是聪明的投资者还是粗心的赌徒。

今天，股市是一个世界性的话题，它被许多事情影响和刺激着，其中之一就是一些非投资者正在尽力成为投资者。他们的财务路径如下页图所示。

　　这些人，即 E 象限和 S 象限中的绝大部分人是天生的安全导向型的人，因此他们寻求有保障的工作或职业，或者创办他们能够控制的小企业。今天，由于固定缴款退休金计划正在走向崩溃，他们正在移向 I 象限，他们希望在退休时能够在那里找到"安全与保障"。遗憾的是，I 象限的特点不是安全性，而是风险性。

　　因为在现金流的左侧象限有如此多的人在寻找安全，所以股票市场做出了相应的反应。于是你常常听到这样一些话：

　　1. "多元化"。 寻求安全性的人们经常用"多元化"这个词。为什么？因为多元化战略是一个"不亏损"的投资战略。但它并不是一个挣钱的投资战略，成功的或者富有的投资者并不使用多元化投资战略。他们更注重自己的努力。

　　沃伦·巴菲特．可能是世界上最伟大的投资者之一，他这样评价"多元化"："我们所采用的战略排除了标准的多元化信条，因此，很多权威认为这种战略一定比大多数传统的投资者所采用的战略风险更大。但我们不同意这种看法。我们相信，证券集中化的策略会使投资者考虑一系列问题，如企业的实力、投资者在买进之前对企业财务状况的满意度，这样做反而可以减少风险。"

也就是说，巴菲特认为证券集中化或者说集中于几种投资而不是实行多元化投资是一种更好的投资战略。他的理念是，集中化而不是多元化要求你更聪明，在思想上和行动上更激进。他在文章中写到，普通投资者避免波动是因为他们认为波动是有风险的，而"事实上，真正的投资者喜欢波动"。

我和我妻子在走出财务困境、寻找财务自由时，也没有实行多元化，我们也选择了集中投资。

2. "蓝筹股"。 寻求安全性的投资者通常购买"蓝筹股"。为什么呢？因为他们认为这些公司更安全。然而也许这些公司的确很安全，但股票市场却不是。

3. "共同基金"。 不太懂投资的人觉得把他们的钱交给一位基金经理人会更安全，他们希望这位经理人能够比自己做得更好。对于那些不想成为职业投资者的人来说，这的确是一个明智的战略。问题是，这种做法很明智，并不意味着共同基金的风险一定很小。事实上，如果股市下跌，我们很可能就会看到我所说的"共同基金崩溃"——像1610年的"郁金香狂热"、1620年的"南海泡沫"和1990年的"垃圾债券"事件一样可怕的金融崩溃。

今天，市场上挤满了几百万需要安全与保障的人，但是，巨大的经济变革正迫使他们不得不从现金流的左侧象限移向右侧，在那里他们所看重的保障不复存在。可许多人仍然认为他们那已不再安全的退休金计划依然安全，这引发了我的担忧：一旦发生经济崩溃或出现大萧条，他们的退休金将荡然无存。显然，现在的各种退休计划的安全度已远不如我们父母那个时代高。

巨大的经济变革正在来临

我们现在正处于巨大的经济变革时期，这样的剧变往往标志着旧时代的结束、新时代的开始。在每个时代的末期，都既有人前进，也有人固守过去的想法。我担心，那些仍期望让大公司或政府为自己的财务安全负责的人，会在未来的日子里深感失望。他们所抱有的是工业时代的信念，而不是信息时代的信念。

没有人能够预测未来。我认同许多投资信息服务公司的看法，尽管他们的观点不尽相同。有的说近期前景光明，还有的说市场崩溃和大萧条就在眼前。为了保持客观，两种看法我都会接受，因为这两种看法都有值得听取的地方。我的角色不是一个试图预测未来的预言家；相反，我在 B 象限和 I 象限工作学习，准备迎接即将发生的任何事情。一个有准备的人，无论经济走向何方、何时发生变动，都能获得成功。

历史的经验告诉我们，通常，一个活到 75 岁的人可以经历一次经济萧条和两次大的经济衰退。我的父母经历了他们那个时代的萧条，而婴儿潮一代还没有经历——从上一次经济萧条至今已经有大约 60 年了。

今天，我们都需要关注工作安全以外的事情。我想，我们还需要关心的是自己的长期财务安全——不要把这种责任推给公司或者政府。当公司说他们不再为你退休后的生活负责时，时代就真的变了。一旦他们转向固定缴款退休金计划，这个信息就是在告诉你，你将自己负责为你的退休计划投资。因此，今天，我们都需要成为更聪明的投资者，对金融市场的波动变化保持警惕。我的建议是，每一个人都应学习成为一名投资者，而不是把钱交给别人替你投资。如果你仅仅是把钱交给某个共同基金或者投资顾问，那么你也许要等到 65 岁时才能检验出那个人是否做好了他的工作。如果他们的工作做得很糟糕，你将不得不在你的余生中继续工作。不错，很多人都将不得不这样做，因为对于他们来说，投资或者学习投资已经太晚了。

学习驾驭风险

高回报、低风险的投资是可能的，你所要做的就是学会如何实现这种投资。其实这并不难。这就好像学骑自行车，刚开始时你可能会摔跤，但是后来你就不再摔跤了。对大多数人来说，骑车变成了一种后天的本能，投资也是如此。

现金流左侧象限存在的问题是，多数人待在那里是为了躲避财务风险。我的建议是：不要躲避风险，要学会如何驾驭风险。

敢于冒险

敢于冒险的人改变着这个世界，几乎没有不冒任何风险就变富的人。但太多的人都依赖政府来消除生活中的风险。正如我们所了解的那样，信息时代的开始正是大政府时代的结束，大政府的代价太昂贵了。不幸的是世界上很多依靠"特权"和退休金生活的人在经济能力上都将被远远地抛在后面。信息时代意味着我们要变得更能自给自足，更加成熟。

"刻苦学习，然后找份安全而有保障的工作"的想法产生于工业时代，而我们不再属于那个时代。时代在变，问题是很多人的想法并未改变。他们认为，自己应被授予某些东西，许多人甚至认为 I 象限与自己无关。他们理所当然地想，当他们退休时，政府、大企业、工会或者他们的共同基金会负责照顾他们。对于这些人，我真诚地希望他们是对的。他们也大可不必再继续阅读本书。

对那些认识到有必要成为投资者的人们的关心，促使我写下了这本书。本书是想帮助那些想从左侧象限转移到右侧象限，但又不知道从何开始的人。任何人只要有正确的技能和决心，都能实现这种转变。

如果你已经实现了财务自由，那么我要说："祝贺你！"并请你把自己的经历告诉别人，在他们愿意的情况下指导他们。但是要让他们找到自己的路，因为通向财务自由之路有很多条。

不管你如何决定，请记住这点，财务自由虽然自由，却来之不易。这种自由是有价的——但对我来说，它值这个价。最大的秘诀是：其实走上财务自由之路不用花钱也不一定非要受过高等教育，甚至也没有太大的风险。这种自由的价格是用我们的梦想、渴望和战胜一路上不停袭来的失意的能力来计量的。你，愿意支付这个价格吗？

我的一个爸爸支付了这个价格，另一个却没有。但他支付的是另外一种代价。

B 象限测试

你是真正的企业主吗?

如果对下面的问题你的回答是"是",那么你就是一个真正的企业主:

你能离开自己的企业一年或更长时间,回来时发现它比你离开时更能赢利并且运作得更好,是吗?

□是 　　　　□不是

第3章
人们为什么选择安全而不是自由

我的两个爸爸都建议我上大学并获得一个学士学位。但是当我获得了学位之后，他们的建议就不同了。

我的有学问的爸爸经常说："上学，考高分，然后找份安全而有保障的好工作。"

他建议的生活道路位于左侧象限，如下图所示：

学校

我没有学问但很富有的爸爸说："上学，考高分，然后创办自己的公司。"他的建议位于右侧象限，如下页图所示：

学校

他们的建议是不同的，因为他们一个关心工作安全，另一个则关心财务自由。

为什么人们寻求工作安全

人们寻求工作安全的主要原因是，他们在家里和学校里接受的就是这样的教导。

迄今为止，很多人仍在不假思索地听从这种建议。很多人从小就被告知要首先考虑工作安全，而不是财务安全或财务自由。由于大多数人在家里和在学校里没有学到多少甚至根本没有学到金钱方面的知识，所以他们自然而然地更加坚定地信仰工作安全的观念——而不是去追求财务自由。

如果你仔细观察现金流象限图，就会发现，左侧象限是由安全推动的，而右侧象限是由自由推动的。

陷入债务危机

社会上有 90% 的人在左侧象限工作，主要原因是左侧象限所需技能是人们在学校里学习过的。当他们离开学校后，很快就陷入了各种债务之中。他们陷得如此之深，以至于必须与工作或者工作安全联系得更紧，好支付各种账单。

我经常遇到一些年轻人，他们靠美国大学生贷款完成学业。其中有几个人说，当他们看到为了完成大学教育，自己欠下了5万甚至15万美元的债务时，感到非常沮丧。如果让父母为自己交学费，那么父母又将会多年处于财务紧张的状态。

最近我读到这样的消息，目前大部分美国人在读书的时候就已经开始使用信用卡，并在他们此后的一生中一直欠债，因为他们都还保持着那种在工业时代很流行的观念。

持有原来的观念

如果我们观察那些受过教育的普通人的生活，就会发现他们的财务记录通常是这样的：

上学，毕业，找工作，很快开始挣钱和消费。此时的年轻人已经能够支付房租、电视、新衣服、一些家具，当然还有一辆车，不过账单也接踵而至。一天，年轻人遇到了某个特别的人，两人一见钟情，坠入情网，然后结婚。在一段时间内，他们的生活很幸福，因为两个人和一个人的生活开支差不多，而他们现在有了双份收入，却只需付一份房租，于是他们能拿些钱出来去购买年轻夫妻所向往的东西——自己的房子。他们找到了理想的房子并拿出储蓄支付了首付款，然后使用抵押贷款按月支付房款。因为他们有了一所新房子，于是新的家具又成为下一个目标，他们又找到一家家具商店，那充满魔力的广告词说：低首付，每月轻松支付。

生活是美妙的，这时他们举办派对，把所有的朋友都找来参观自己的新房子、新车、新家具和新玩具，而他们将在余生中背负沉重的债务。接着，他们的第一个孩子出生了。

这对受过良好教育、工作努力的普通夫妇在把孩子交给幼儿园之后，必须节省开支、努力工作。他们变得必须要寻求工作安全，因为平均算起来他们不到3个月就会破产。你经常会听到这些人说，"我不能停下来，我有账单要付"，就像《白雪公主》中的一首被恶搞的歌中所唱的："我欠了债，我欠了债，因此我得去工作。"

还有50年代田纳西歌手厄尼·福特的歌：

"你装了16吨的货，而你得到了什么？

债务延长一天，负担就重一天。

圣彼得，不要带我走，我不能走，

我已把我的灵魂献给了公司。"

成功的陷阱

我能从富爸爸那里学到这么多东西，原因之一就是他有闲暇时间来教我。随着他的事业越来越成功，他的闲暇和钱也越来越多。生意越好，他越不用辛勤工作，他只需要让他的总裁帮他去壮大公司系统并雇用更多的人来工作。假如投资顺利，他会再次投资并挣到更多的钱。他的成功使他有了更多的自由时间。他花了很多时间向我和他自己的儿子解释他在企业和投资领域所做的一切事情。我从他身上学到的财务知识远比从学校学到的多。这就是在现金流右侧象限即B象限和I象限努力工作所得到的结果。

我的有学问的爸爸工作也很努力，但他是在现金流左侧象限工作。由于他的努力，他获得了提拔并负责更多的工作，然而他花在孩子们身上的时间却越来越少。他早上7点上班，我们时常见不到他，因为在他下班回家之前，我们都已经上床睡觉了。这就是你在现金流左侧象限辛苦工作并且获得成功后的结果：成功使你的闲暇越来越少——尽管这样能挣更多的钱。

金钱的陷阱

右侧象限的成功需要有关金钱的知识，即"财商"。富爸爸这样定义它："财商不是指你赚了多少钱，而是指你有多少钱、这些钱为你工作的努力程度，以及你的钱能维持几代。"

右侧象限的成功的确需要财商，如果人们缺少基本的财商，大多数情况下他们将无法在右侧象限生存。

我的富爸爸善于理财，善于与他人合作。他必须这样，因为他要挣钱，要管理尽可能少的人，以便维持低成本和高利润。这些是在右侧象限获得成功所必需的技能。

正如富爸爸一再向我强调的那样，你的房子不是一项资产，而是一项负债。他向我们证明了这一点，他通过教给我们财务知识使我们读懂了这些数字。因为他善于管理员工，所以他能有闲暇教育他的儿子和我。他的工作技能甚至被应用到他的家庭生活中。

我的有学问的爸爸在工作中不管理钱和人，虽然他自己不这么认为。身为州教育厅厅长，他支配着几百万美元预算和几千雇员，但这不是他创造的钱，这是纳税人的钱，他的工作是花掉它。如果他不花掉这些钱，政府将在来年给他更少的钱，因此每个财政年度快要结束时，他都在想尽办法花光预算。这意味着他通常要雇用更多的人去使下一年的预算显得合理。有趣的是，他雇的人越多，问题也越多。

当我以一个小男孩的眼光来观察两位爸爸时，在内心深处，我已经决定自己要过什么样的生活。

我的有学问的爸爸非常爱读书，他在文学方面很有造诣，但是他的财务知识却十分匮乏。因为他不会读数字，因此不得不听从他的银行经理和会计师的建议，这两个人都告诉他，他的房子是一项资产，而且是他最大的投资。

因为有这样的财务建议，我的有学问的爸爸不仅更加努力工作，而且陷入了更深的债务危机。每次他因为努力工作而获得提拔时，他的薪水就会增加，而随着薪水的增加，他所处的税率等级也在不断提高。由于他处在较高的税率等级上——六七十年代的高收入员工的税率是相当高的——所以他的会计师和银行经理告诉他，应该购买一所更大的房子，这样他就能够免于支付利息。他挣了更多的钱，结果却让自己的税负和负债都增加了。他取得的成功越大，工作得越努力，他与自己所爱的人共度的时间就越少。很快，所有的孩子都离开了家，而他仍在努力地工作以便支付所有的账单。

他总是认为，下一轮的升职和加薪将会解决他的财务问题，但是他挣得越多，负债和纳税也越多。

在家里和在工作中，他越是窘迫，似乎就越需要依赖工作安全。越是在情感上依赖工作，越是需要拿薪水来付账单，他就越是鼓励自己的孩子们去"找一份更稳定、更有保障的工作"。

他越是感到不安全，就越发追求安全感。

你的两大支出

因为我的穷爸爸不会读财务报表，因此，他越成功，就越无法看到自己的财务困境。我看到很多像他一样努力工作的成功人士都陷入了相同的财务困境。

如此多的人为钱挣扎，原因就在于每当他们挣到更多的钱时，他们就会有两项最大的支出跟着增加：

1. 税收；
2. 债务利息。

事实上，政府提供的税收减免会使你陷入更深的债务危机，这难道不会让你觉得有什么地方不对劲吗？

就像我的富爸爸对财商的定义一样："财商不是指你挣了多少钱，而是指你有多少钱、这些钱为你工作的努力程度，以及你的钱能维持几代。"

我那努力工作而有学问的爸爸在去世之后，政府还对他遗留下来的很少的钱征收了遗产税。

追求自由

我知道，很多人在追求财务自由和幸福生活，问题是大多数人没有接受适当的培训以变得适合在 B 象限和 I 象限工作。由于缺乏培训、追求工作安全以及不断增加的债务，大多数人把自己对财务自由的追求限制在现金流的左侧象限。不幸的是，人们很难在 E 象限或 S 象限找到财务安全或财务自由，真正的安全和自由位于右侧象限。

改变工作，追寻自由

现金流象限对追踪或观察一个人的生活方式很有帮助。许多人终其一生都在寻找财务安全或自由，但最终只不过是从一个工作换到另一个工作。例如：

我有一个高中时代的朋友，每过大约 5 年我就会收到他的一封来信。开始时他总是那样兴奋，因为他找到了非常满意的工作。他欣喜若狂，因为他在为他所梦想的公司工作。他如此热爱他的公司，那儿的工作令人振奋。他喜欢他的工作，担任着重要职位，薪水丰厚，员工能干，福利很好，晋升的机会也很多。但是在4年半之后，我又会收到他的来信，这时，他很失望。他说，他所在的公司贪污腐败，没有信誉；不尊重员工；他讨厌他的老板；他错过了一次升职机会，而且他们给他的薪水太少。然而6个月后，他又一次欣喜若狂，因为他发现了另一份非常满意的工作。然而不久他又一次发现……

我感觉他的生活经历就像一只狗在追自己的尾巴，如下图所示：

他的生活方式是从工作到工作。他一直生活得很好，因为他很精明，有魅力而且有个性。但是时间在追赶他，更年轻的人正在得到他过去得到的工作。他仅有几千美元的储蓄，没有为退休攒一点钱，有一所永远不会属于自己的房子、孩子的抚养费和将要支付的大学学费。他最小的孩子8岁，和他的前妻生活。最大的孩子14岁，和他一起生活。

他过去总是对我说："我不用担心，我还年轻，我有时间。"

我想知道现在他是不是还会这么说。

以我的观点，他需要做出很大努力并开始迅速转向 B 象限或 I 象限。他需要开启一种全新的状态并开始新的教育过程。除非他走运中了彩票，或者找了一个有钱的女人结婚，否则他余生都要努力工作。

做你自己的事情

E 变成 S

另一种常见的方式就是从 E 变成 S。在目前这个公司规模急剧缩小的时代，许多人都离开他们所在的大公司，开创自己的企业。这是所谓的"家庭企业"的繁荣时期。很多人决定"创办自己的企业"，"做自己的事情"和"做自己的老板"。

他们的职业路径如下：

在所有的生活道路中，我认为这种道路适合大多数人。S 的回报虽然最高，但风险也最大，我认为它是最辛苦的象限，而且

失败率很高。如果你停留在这个象限，成功了甚至比失败了还糟。这是因为，如果你是一位成功的S，你将比你在其他任何一个象限都要更努力地工作——而且在相当长的时间里都要那么努力，只要你是成功的。

S的工作最辛苦的原因是，他们是典型的"大厨兼洗碗工"。他们必须做所有的工作或者说负责所有的事情，而这些工作在较大的公司中将由许多经理和雇员共同完成。刚起步的S通常要回电话、付账单、打电话推销、尽力做低价广告、接待顾客、招聘职员、解雇职员、当职员不在时填补空缺、与税务人员交涉、应付政府检察官等。

就我个人而言，每当我听到某人说他将开办自己的企业时，我就感到畏缩。我希望他们一切都顺利，但是我非常担心他们。我见过许多E用其一生的积蓄或者向朋友和家人借钱来创办自己的企业。经过3年左右的挣扎和艰苦工作，企业扩大了，却没有换来终生的储蓄，只有需要偿还的债务。

在美国范围内，这种类型的企业在每5年内10家中就会有9家以宣告破产。生存下来的那些企业，在下一个5年内，又将以90%的比例倒闭。也就是说，100家小企业中有99家将在10年内消失。

我想，大多数企业在第一个5年中失败的原因是缺少经验和资金，唯一的幸存者在第二个5年中失败的原因则不再是缺少资金，而是缺少精力。长期的拼命工作最终会毁了这个人，所以很多S常感到精疲力竭。这也是很多受过高等教育的专业人员或者更换公司，或者试着开始某种新事业，或者过劳死的原因。也许，这也是医生和律师的平均预期寿命低于大多数人的原因。他们的平均预期寿命是 58 岁，其他人则是 70 多岁。

对于那些健康没有出现太大问题的人来说，他们似乎已经习惯了早起，上班和努力工作，这似乎是他们的全部生活。

一位朋友的父母告诉我这样一件事。45 年来，他们花了很多时间经营他们位于街角的小酒铺。当附近犯罪活动增加时，他们不得不在门窗上安装钢栅栏。现在，钱要从一个狭缝中递入递出，就像银行里那样。我偶尔顺路会去拜访他们，他们是那种很亲切很友好的人，但是看到他们像囚犯一样从上午 10 点到凌晨 2 点一直待在自己的店里，躲在钢栅栏后工作，我心里就觉得很难过。

很多聪明的 S 在精疲力竭之前，即事业的巅峰时期会将企业卖给某个有精力和资金的人。他们休息一段时间后，会开始新的事业。他们一直在做自己的事情，并且热爱这种生活。但是，他们必须清楚何时应该退出。

给孩子们的最差建议

如果你是在 1930 年以前出生的，那么"上学，考高分，然后找份稳定有保障的工作"是个好建议。如果你是在 1930 年以后出生的，那么这可不是个好建议。

为什么呢？

答案是：1. 税收；2. 负债。

对于那些在 E 象限工作挣钱的人来说，实际上没有什么税收减免。今天的美国，做一名雇员就意味着你是一个与政府进行对半分红的合伙人，政府最终将拿走你收入的 50% 或者更多，而且这部分钱中的一大部分甚至是在雇员看到工资单之前就被拿走了。

考虑到政府的税收减免只会使你更深地陷入债务危机中，通往财务自由的道路对大部分 E 象限和 S 象限的人来说，实际上是不可能的。我经常听到会计师们对在 E 象限中挣到更多钱的客户说，他们应该去买一所更大的房子，以便获得较大的税收减免。或许这种做法对于处在现金流左侧象限的人来说有点用，但是对于象限右侧的人来说已经毫无意义。

谁纳税最多

富人缴纳较少的所得税。为什么会这样呢？因为他们不是作为雇员在挣钱。非常富有的人知道，最好的合法的避税方法是在 B 象限和 I 象限中获取收入。

如果人们在 E 象限中挣钱，那么他们唯一可能的税收减免就是购买大房子，并增加负债。从现金流右侧象限来看，这种做法在财务上并不明智。对于右侧象限的人来说，这就等于说："给我 1 美元，我还你 50 美分。"

当税收不公平时

我常常听到一些人说："拒绝缴税可不是美国人的做法。"

如果这话出自一个美国人之口，恐怕他是忘记了自己国家的历史。正是为了不必向英国人缴税，为了争取独立，美利坚才建立起来。难道他们都忘了 1773 年著名的"波士顿倾茶事件"？这场起义引发了美国的独立战争，让美洲殖民地摆脱了英国的沉重的赋税。

接下来的便是"谢伊斯起义"[1]"威士忌酒反抗"[2]"弗赖斯起义"[3]"西红柿关税斗争"[4]，以及许多在美国历史上声名卓著的抗税斗争。

人类历史上还有两次值得一提的抗税斗争，虽然不是发生在美国，但也显示了民众抗税的激烈态度。

威廉·退尔传奇就是其中一则著名的抗税故事。他手中的弓箭差点射下自己儿子的头颅。他对政府的税收制度表现出了极大的愤怒，不惜让自己的儿子冒着生命危险去争取。

另一则是戈黛娃夫人的故事。她呼吁当局减免税收，而当权者却说只要她能裸体骑马绕行市内街道便同意减免税收。她果真这样做了，当权者只好遵守诺言。

税收的好处

税收是现代文明的一种必然结果。当税收被滥用并失控时，

---

[1]　1786~1787年美国马萨诸塞州发生的一场农民起义。起义领导者丹尼尔·谢伊斯是前美国独立战争军官。起义的原因是马萨诸塞州政府对农民的漠视，以及乱收选举人头税等。

[2]　1794年，美国宾夕法尼亚州西部农户拒纳酒税的反抗。

[3]　1799~1800年，美国宾夕法尼亚州反抗政府征收房产税的起义，领导人是约翰·弗赖斯，又称"房产税起义"。由于民众用滚烫的开水驱赶被派到家中的估税员，这次斗争又称"热水反抗"。

[4]　1895年，英国商人从西印度群岛运来一批西红柿。按美国当时的法律，输入水果免交进口税，进口蔬菜则需缴纳10%的关税，于是围绕进口西红柿是否需缴关税展开了一场争论，史称"西红柿关税斗争"。

问题就产生了。在未来的几年里，几千万婴儿潮一代将要退休。他们由纳税人变为领取社会保险金的退休者，这就需要征收更多的税来应付这种转变。由此美国和其他大国都将出现经济衰退。有钱人会去寻找那些需要他们的钱的国家，而不是留在因为他们有钱而"惩罚"他们的国家。

一个大错误

今年初，一个报社记者采访了我。在交谈中，他问我去年挣了多少钱。我回答说："大约 100 万美元。"

"那么你缴了多少税？"他问。

"分文未缴，"我说，"这些钱是资本利得，我能无限地推迟纳税。我按照美国国税局出台的第 1031 条款 [①] 进行交易出售了 3 项不动产，我从来不碰钱，只是把它再投资到更大的资产上。"几

[①] 该条款是指业主把以投资和生意为目的的物业交换同类的物业，以原物业的盈利转到新的物业，达到减税的目的。

天后，报纸上刊登出这样一篇文章：

"有钱人挣 100 万，并承认没有纳任何税。"

我确实说了类似的话，但这条新闻把一些关键词省略掉了，因此歪曲了我的意思。我不知道是这名记者心怀叵测，还是他不知道什么是第 1031 条款。不管出于什么原因，这的确是一个很好的例子，证明了不同象限的人有着不同的观点。我仍然要说，并不是所有的收入都一样，有些收入的确可以比别的收入少纳税。

多数人注重收入而不是投资

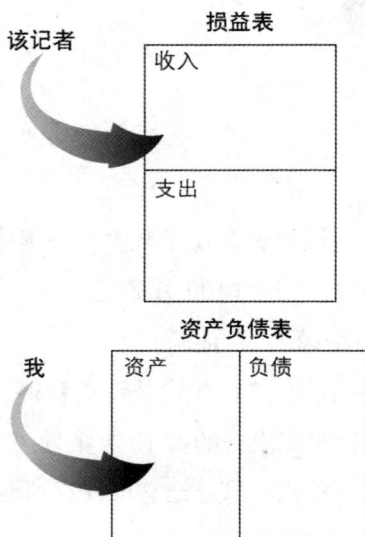

今天，我仍然听到人们在说："我要回去上学，这样我才有机会加薪。"或者："我得努力工作，这样才能得到提拔。"

这是将精力集中于财务报表的收入项目或者 E 象限的人所说的话或所持有的观点。说这些话的人将把增加收入的一半交给政府，并为此更加努力地工作更长时间。

在下面的章节中，我将解释现金流右侧象限的人是如何将税收转化为资产的，而不是像左侧象限的人那样只是将税收作为他们的负债。

快速致富

我和我妻子想要快速地从无家可归达到财务自由，这就意味着要在 B 象限和 I 象限工作挣钱。只有这两个象限，才有可能快速致富，因为在这里能合理避税，从而留下更多的钱。通过让钱为我们工作，我们很快获得了财务自由。

如何获得财务自由

税收和负债是大多数人永远感受不到财务安全或财务自由的两个主要原因。通向财务安全或自由的路位于右侧象限，但是在那里你会远离工作安全。现在你需要了解工作安全、财务安全与财务自由之间的区别。

它们的区别是什么

1. 工作安全；
2. 财务安全；
3. 财务自由。

如你所知，我的有学问的爸爸，像他那个年代的大多数人一样注重工作安全。他一直认为，工作安全就意味着财务安全——直到他最终丢了工作并且无法再找到工作。我的富爸爸从来不谈论工作安全，相反，他谈论财务自由。

要获得你所渴望的那种安全或自由，我们可以先观察一下现金流象限的各种模式：

工作安全模式

这种模式中的人通常善于完成他们的工作。很多人花了多年时间读书，又花了多年时间工作以获得经验。问题是他们几乎不了解 B 象限或 I 象限。即使他们拥有退休金计划，他们在财务方面仍没有安全感，因为他们接受的培训只是为了获得工作或工作安全。

两条腿比一条腿好

要想在财务上变得更安全，我建议：除了在 E 象限或 S 象限工作外，人们还应该学会在 B 象限或 I 象限工作。有了能够在两侧象限成功工作的信心，人们就会感到很安全，即使他们手中的钱很少。知识就是力量——他们所要做的就是等待机会运用他们的知识，然后赚到钱。

这就是造物主给我们两条腿的原因。如果只有一条腿，我们会感到不稳定和不安全。有了两个象限的知识，一个在左，一个在右，我们就会觉得安全。只了解自己的工作或专业的人只有一条腿，每当经济波动时，他们都会比有两条腿的人摇摆得更厉害。

财务安全模式

对于 E，财务安全模式图是：

这个环形说明，这一类人不只是把钱存入退休金账户并期待着最好的结果，他们还作为投资人和雇员来接受教育，这让他们更加自信。正如我们在学校里学习一种职业技能一样，我建议你们试着去学习成为一名专业投资人。

那名记者对我用资产项目挣到了 100 万美元并且不纳任何税深感不满，但他就是不问一问："你是怎么赚到 100 万的？"

对我来说，这是一个真正的问题。合理避税很容易，挣 100 万却没那么容易。

通往财务安全的另一条路径如下页左图所示。

对于 S，财务安全模式图如下页右图所示。

这就是托马斯·斯坦利的《邻家的百万富翁》中描写的那种模式。《邻家的百万富翁》是一本很棒的书。一般来说，美国的百万富翁都是自由职业者，生活节俭、长期进行投资。该模式就反映

了这样的财务之路。

下面这条路，即从 S 到 B，通常是许多伟大的企业家，如比尔·盖茨所采用的。这不是一条最容易的道路，但我认为，这是最好的道路之一。

两个强于一个

学会在多个象限工作，尤其是一个在左，一个在右，要比仅在一个象限工作好得多。在第二章，我举出了一项数据，即平均来看，富人收入中的 70% 来自右侧象限，30% 来自左侧象限。我发现，无论人们挣多少钱，只有当他们能够在多个象限中工作时，才会觉得更安全。要获得财务安全就得安全地把脚放在两侧的象限。

富有的消防队员

我有两个朋友，都在现金流两侧的象限取得了成功。他们既享有很多福利及工作安全，同时在右侧象限也获得了巨大的经济财富。他们俩都是为市政府工作的消防队员，有不错的稳定收入、很好的福利和退休金计划，并且每周只需要工作两天。另外的 3 天时间，他们则作为职业投资人进行工作。周末他们休息，与家人和朋友在一起。

其中一个朋友买了一些旧房子，把它们一一修整，然后租出去。在我写这本书时，他已经拥有 45 所房屋，扣除负债、税收、维修费、管理费和保险费后，他每个月的净收入是 1 万美元。作为消防队员，他每月挣 3500 美元，因此他每月的总收入超过 1.3 万美元，年收入约为 15 万美元，而且这个数字还在增加。他离退休还有 5 年多时间，他的目标是在 56 岁时年收入达到 20 万美元。这对于一个有 4 个孩子的政府雇员来说，情况不算太坏。

另一个朋友把时间花在分析公司业绩、赚取股票和期权的长期差价上。他的资产组合现在已经超过了 300 万美元。如果他把它们都换成现金，每年收取 10% 的利息，排除市场发生重大变化的情况，他的年收入将为 30 万美元，而且终生不变。这对于一个只有两个孩子的政府雇员来说，情况很不错了。

这两位朋友将从他们 20 年的投资中获得足够的资本收益，直到 40 岁退休时也都很喜欢自己的工作，并且可以在退休后从地方政府那里领到丰厚的福利金。到那时，他们会很自由，因为他们将享受到在两侧象限同时获得成功所带来的收益。

钱本身不能带来安全

我遇到过很多人，他们的退休金账户中有几百万美元，但他们仍然感到不安全。这是为什么呢？因为这些钱来自他们的工作或企业。他们通常把钱存入一个退休金账户，而不知道用来投资。如果这笔钱用完了，或者他们失去了工作，他们该怎么办？

财务自由模式

这是富爸爸所推荐的模式，它是通向财务自由的途径。这是

真正的财务自由，因为在 B 象限，别人为你工作，而在 I 象限，你的钱为你工作。你可以自由选择是否工作。拥有这两个象限的知识会使你获得完全的财务自由。

如果你观察那些特别有钱的人，就很容易发现这是他们在象限中的模式。围绕 B 和 I 的环形显示出微软的比尔·盖茨、传媒大亨默多克、哈萨维公司的沃伦·巴菲特和罗斯·佩罗等人的收入模式。

不过要小心，B 象限与 I 象限大不相同。我见过很多成功的 B 以几百万美元的价格卖掉他们的企业以求获得新的财富。他们认为自己所拥有的美元代表了他们的财商水平，所以匆忙转向 I 象限，最后把钱全部赔掉。其实所有这些象限的游戏规则都是不同的——因此我始终强调多维教育。

和财务安全的情况一样，同时在 B 和 I 两个象限工作会让你在财务自由的世界里站得更稳。

路径的选择

人们可以选择不同的财务之路，但遗憾的是，大多数人仅选择工作安全这条路。当经济开始波动时，他们通常更拼命地依赖工作安全，他们终生都在寻求工作安全。

但我仍建议你至少掌握一些财务安全的知识，这能让你对自己的工作和自己在任何经济形势下的投资能力都充满自信。一个很重要的秘诀是，真正的投资者在不利的市场中挣到的钱更多。他们能挣到钱，是因为非投资者在应该买进的时候却匆忙卖出。因此我并不担心可能到来的经济变动——因为变动意味着财富的转移。

你的老板不能使你富有

频繁发生的经济动荡，部分是由公司的收购与兼并引起的。最近，我的一位朋友卖掉了他的公司，他在这次交易中获得了1500万美元，而他的雇员却不得不另找新工作。

告别晚会充满了悲伤的气氛，但也隐藏着极端的气愤和憎恨。虽然多年来他付给员工们的薪水很高，但是大部分人的财务状况并没有因此而得到改善。很多人意识到，多年来在他们忙着挣工资、付账单的时候，公司的老板却变得富裕起来。

事实也正是如此：老板的工作不是使你富裕，而只是确保你得到工资。致富是你自己的工作，如果你愿意的话，这个工作应该始于你接受工资单的那一刻。如果你理财的技术很糟糕，即使全世界的钱也救不了你；如果你理财有方，并且学到了 B 象限和 I 象限的知识，你就能获得巨大的个人财富，还有最重要的财务自由。

我的富爸爸过去常对他的儿子和我说："富人和穷人之间的唯一差别就是他们在闲暇时间所做的事情。"

我同意这种看法。我发现人们比以前更忙碌了，自由时间也越来越少。然而，我建议，如果你一定要忙碌，那么就在两侧的象限同时忙碌，以便有更好的机会去获得更多的自由时间和更大的财务自由。当你工作的时候，请努力工作，不要在上班时间阅读《华尔街日报》，这样，你的老板会更加欣赏你、尊重你。下班后，你用你的薪水和闲暇时间所做的事情将决定你的未来。如果在左侧象限努力工作，你只能永远努力地工作下去；如果坚持在右侧象限努力工作，你就有机会获得自由。

我所推荐的道路

位于左侧象限的人总是问我："你有什么建议？"我推荐的道路就是富爸爸推荐给我的。这也是罗斯·佩罗、比尔·盖茨等人所选择的道路。这条道路如下图所示：

我偶尔会听到这样的抱怨："我也想当投资专家呀。"

对此我这样回答："那么请去 I 象限。如果你有足够的钱和充裕的自由时间，那么请直接进入 I 象限。但是如果你的时间和金钱并不是很多，那么我所推荐的道路会更安全。"

大多数情况下，人们没有足够的时间和金钱，所以这时他们会问另外一个问题："为什么你建议要先到 B 象限呢？"

对这个问题的讨论通常需要 1 个小时的时间，因此我不在这里讨论它。不过我可以用下面几句话概括我的理由：

1. 经验和教育　　如果你首先在 B 象限获得成功，那么你将更有可能成为一个有影响力的 I。

I 投资于 B。

如果你首先通过实践具备了良好的商业意识，那么你将成为一个优秀的投资者，并且能慧眼识珠地辨别出其他的成功的 B。真正的投资者只在拥有稳定企业系统的成功的 B 身上投资。在 E 或 S 身上投资是有风险的，因为他们不知道系统与产品之间的差别——或者因为他们缺少优秀的领导才能。

2. 现金流　　如果你拥有一家企业并且运作良好，那么，此时你应该有多余的时间和现金流支持你在 I 象限的活动。

我多次遇到 E–S 象限的人，他们的资金非常紧张，承担不起任何财务损失。市场一波动，他们就会破产，因为他们的财务一直处于红线档。

事实是，投资是资本和知识的积聚，但获得这种知识需要大量的资金和时间。很多成功的投资者在成功之前都失败过很多次。成功者知道，成功是一位贫乏的教师，知识只有在犯错的过程中才能学到。但在 I 象限，错误的代价是赔钱。如果你缺少知识和资本，那么试图成为投资者无异于在财务上自杀。

通过掌握成为优秀的 B 所需要的技能，你还能为成为一名优秀投资人提供必需的现金流。作为 B，你创立的企业将为你提供现金支持，就像你会为成为一名优秀投资人而接受教育一样。一旦你获得了成为一名成功的投资者所需要的知识，你就能理解我说的"挣钱并不总是需要先投钱"这句话。

好消息

　　有一个令人振奋的好消息就是，现在在 B 象限获得成功要比以前更容易。这就像技术进步使许多事情变得容易一样，技术进步同样也使在 B 象限获得成功变得更加容易。虽然这并不像找一份最低工资的工作那样轻松，但是各种先进的系统的确正在使越来越多的人获得 B 象限中的财务成功。

第4章
商业系统的 3 种类型

在进入 B 象限时，请记住你的目标是拥有一个系统，让人们通过这个系统为你工作。你可以亲自发展这个企业系统，或者收购一个系统，并把这个系统看成是将使你安全地从现金流左侧象限迈向右侧象限的桥梁——让你通往财务自由的桥梁。

目前，有 3 种主要的常用的企业系统，它们是：

1. 传统的由企业主 B 创办的 C 型企业——由你自己发展起来的系统

2. 特许经营权——购买现成的系统

3. 网络营销——购进并成为现存系统的一部分

每种类型的系统都有各自的优点和缺点，但这几种类型的系统归根到底都是在做相同的事情。如果运行良好，每种系统都能提供稳定的现金流，而且不用企业主消耗太多的体力和精力——问题是如何让它运行良好。

1985 年，当人们问"为什么你们无家可归"时，我和我妻子只是说："因为我们正着力建立一个企业系统。"

这是一个由传统的 C 型企业和特许经营权混合而成的企业系统。如前所述，B 象限需要对系统和对人有所了解。

我们决定发展自己的系统，这意味着要付出很多艰苦的努力。我以前也做过同样的尝试，虽然公司顺利地运作了几年，但是在第 5 年突然倒闭了。当成功走向我们时，我们却没有准备好一个完善的系统来迎接它。虽然我们有努力工作的员工，但这个系统还是停止了运转。当时我们就像坐在一艘有一条裂缝的豪华游艇上，但找不到这条裂缝在哪里，尽管所有的人都尽了力。而且我们又无法很快地把渗进来的水排出去，如果能把水排掉，我们就能发现裂缝了。不过即使我们发现了裂缝，也不能保证一定修得好。

"你可能会先赔掉两三个公司"

在我念高中时，富爸爸告诉我和他的儿子，他在 20 多岁的时候赔掉了一个公司。"那是我一生中最坏也是最好的经历，"他说，

"我为此痛苦万分。但是通过重新修整并最终使新的公司取得成功，我学到了更多的东西。"

富爸爸知道我要创办自己的公司时，就对我说："在建立一个成功的公司之前，你可能会先赔掉两三个公司。"

他训练他的儿子迈克来接管他的商业帝国。而我的父亲只是一名政府雇员，所以我不可能继承一个商业帝国，我必须建立自己的商业帝国。

成功是一位贫乏的教师

"成功是一位贫乏的教师，它能教给你的东西很少。"富爸爸总是这样说，"我们总是在失败的时候学到最多的东西。因此不要害怕失败，失败是走向成功的一个过程。没有失败，你就不可能成功。那些不成功的人都是不曾失败过的人。"

或许这是一句自我实现的预言。1984年，我关闭了第3家公司。我挣了几百万，也损失了几百万，遇到我妻子时，我正在打算卷土重来。我知道她嫁给我不是为了我的钱，因为我当时根本没有钱。当我告诉她我打算开创第4家公司时，她留了下来。

"我和你一起创建它。"她回答说，而且她这样做了。结果我们两人和另一位合伙人建立了一个在全球有11家分公司的企业系统。现在，无论我们工作与否，它都能为我们带来收入。从一无所有到拥有11家分公司，我们付出了5年的心血和汗水——但是我们成功了。两个爸爸都为我高兴，真诚地祝贺我。（他们在我过去创办公司的试验中都赔了钱。）

难办的事情

富爸爸的儿子迈克经常对我说："我永远也不知道我是否能做你和我爸爸所做过的事情。这个系统是爸爸传给我的，我所要做的就是学会如何运作它。"

我深信，他能够成功地发展自己的企业，因为他跟他爸爸学得很好。然而，我也明白他的意思。从策划开始，创建公司的人所遇到的困难中有两大不确定因素：系统和建立系统的人。如果人员和系统都有漏洞，失败的可能性就非常大。可有时公司的继承者很难确切地分辨出问题究竟是出在人员上，还是系统上。

在特许经营权之前

在我的富爸爸教我如何成为 B 时，只有一种企业，就是大型企业——能主宰整个镇的大型企业。在我们位于夏威夷的小镇里，甘蔗种植园实际上控制着一切——包括其他的大企业。因此大型企业和 S 型的小企业之间没有什么共同之处。

在这些大甘蔗种植园的高层任职并不是富爸爸和我这样的人的目标。当时在这个领域中工作的大多都是日本人、中国人和夏威夷人，然而他们永远也不可能成为董事。富爸爸通过不断尝试、不断犯错，学会了他需要知道的一切事情。

在我上高中时，我们第一次听说了"特许经营权"这种东西，但是没有一个这样的企业来到我们的小镇，我们没有听说过麦当劳、肯德基、塔可钟。在我跟富爸爸学习时，我们的词汇表里还没有这些词。当我们终于对其有所耳闻的时候，我们听说它们是"非法的、骗人的阴谋，并且是危险的"。一听到这些传闻，富爸爸就飞往加利福尼亚去弄清楚真相——他没简单地相信这些闲言碎语。他回来之后说的第一句话就是"特许经营将成为未来的潮流"。他立刻购买了两份这样的经营权。随着特许经营权概念的流行，富爸爸的财富急剧增加，他开始向别人转让他的经营权，使别人也能够创办自己的企业从而致富。

当我问他我是否应该从他那儿买一份经营权时，他只是说："不用，你已经学习了很久如何建立自己的企业系统，不要停下来。特许经营权是为那些不想创建或者不知道如何创建系统的人准备的。而且，你也没有25万美元来从我这儿买走一份经营权。"

今天，很难想象哪个城市的街角没有麦当劳、汉堡王或者必胜客。然而，不久以前，它们还不存在，那时我的年纪已足够大，能够记住那些日子。

如何学习成为 B

我是通过做富爸爸的学徒来学习如何成为 B 的，他的儿子和我都从 E 开始学习做 B，这也是很多人的学习途径，现在这条途径叫做"在职培训"。这也是很多权力集中的家族企业代代相传的方式。

问题是，很少人有资格或者足够幸运能够学到成为 B 的"隐藏在幕后"的各个方面。大多数企业的"管理培训计划"只是把你培养成一名经理人，很少有企业培训你成为 B。

通常，人们在迈向 B 象限的过程中会停留在 S 象限。这主要是因为他们没能开创一个足够强大的系统，结果他们自己成了系统中一个必要的组成部分，而成功的 B 所开发的系统没有他们的参与也能够正常运转。

有 3 种途径可以迅速地成为 B。

1. 找一位导师　富爸爸就是我的导师。导师应该是一个已做过并且成功地做了你想做的事情的人。不要找一位只会提建议的人，提建议的人只会告诉你如何去做，但是他本人并没有做过。大多数提建议的人都位于 S 象限，而现在到处都是 S 在试图告诉你如何成为 B 或 I。我的富爸爸则是一位真正的导师，而不是一名只提建议的人。富爸爸对我最好的教诲之一就是："小心接受别人的建议。虽然你必须保持思想开放，但是你一定要先搞清楚这条建议来自哪个象限。"

富爸爸教给了我有关系统以及如何成为领导者而不是管理者的知识。管理者通常把他们的下属看成不如他们的人，而领导者必须指挥那些通常更为聪明的人。

如果你想读一本有关创办企业的入门好书，那么米歇尔·盖博的《E 之谜》是一个不错的选择。对于那些想发展自己的系统的人来说，这本书很有价值。

要想学习大公司里的各种系统，传统的做法是选择从一所名牌学校获得 MBA 学位，然后找份能够快速升职的工作。MBA 学位很重要，因为你可以学到会计学的基础知识，知道财务数字与企业系统的关系。然而，拥有 MBA 学位并不意味着你一定有能力经营好各种系统，而这些系统恰恰是构成一个完整的企业系统所不可或缺的部分。

要学习一个大企业的所有系统，你需要在企业中花 10 ~ 15 年的时间了解这个企业的方方面面。然后，你应该准备好离开，并开始创办自己的企业。为一个成功的大企业工作就好比由你的导师给你开工资。

即使有了导师和几年的经验，第一种方法仍要付出大量的劳动。创办自己的系统需要多次的尝试和失败，付出大量的前期法律成本以及大量的文字工作。但在完成这些工作的同时你也在形成了你自己的员工队伍。

2. 特许经营权　弄明白系统的另一种途径就是购买特许经营权。如果购买了特许经营权，你实际上是购买了一个"已被验证过的"运行良好的系统。现在有很多优秀的特许经营企业。

通过购买特许经营权系统，而不是努力创办自己的系统，能够让你集中精力开发自己的员工队伍。在你学习如何成为 B 时，购买来的系统排除了一个重要的不确定性因素。许多银行愿意贷款给特许经营企业，而不愿意贷款给新成立的小企业，就是因为这些银行了解系统的重要性，以及使用好的系统创业将会降低经营风险。

在你购买特许经营权时，要注意这样一件事：请不要成为只想做"自己的事情"的 S。如果你购买的是一个特许经营权系统，就要成为 E，要严格按照他们告诉你的方式去做。没有什么事能比特许经营权的授权人和被授权人一同出现在法庭上更可悲的了。这种不该发生的争斗通常起因于购买特许经营权的人想按照自己的方式经营企业，而不是按照创办这个系统的人所要求的方式去经营。如果你想做自己的事情，那么请你在控制了系统和人员之后再进行。

我的有学问的爸爸经营特许经营店没有成功。尽管他购买的是一家有名的高级冰激凌公司的特许经营权，而且系统非常完美，但我爸爸还是失败了。在我看来，他失败的原因是他的合伙人都是 E 和 S，不知道当事情变糟时应该做什么，也不去向母公司寻求帮助。结果合伙人内部发生了争执，企业破产倒闭。他们忘了，一个真正的 B 不只是有一个系统就行，还需要有优秀的人去操作这个系统。

银行不会把钱借给没有系统的人

如果银行不贷款给没有系统的小企业，那么你该怎么办呢？几乎每天都有人来找我，要跟我谈论他们的商业计划和由此挣钱的愿望。

大多数情况下我拒绝了他们，一个主要原因是，想挣钱的人并不知道产品和系统之间的区别。我有一些朋友（一个乐队的歌手）想让我投资发行一张新的音乐 CD，另一些人想让我帮他们建立一个非营利机构来改变世界。即使我喜欢这个计划、产品或者他本人，但是如果他们有很少或者根本没有创建和运作商业系统的经验，我会拒绝他们。

这是因为，你能唱歌并不意味着你了解营销系统、财会系统，以及销售系统、人力资源系统、法律系统等众多系统，而这些系统都是企业生存和成功所必需的。

一个企业要想生存和发展，所有这些系统都需要发挥作用，并负起责任。例如：

一架飞机是一个由多个子系统构成的系统，飞机起飞后，如果燃料系统出现故障，很有可能引发飞机失事。商业领域中的情况也是一样，通常不是你了解的系统发生了问题，而是你并不熟知的系统导致了你的失败。

人体也是一个由多个子系统构成的系统。大多数人都曾有过失去自己所爱的人的经历，而这往往只是由于他们身体中的一个系统不能工作所致——例如血液系统出现障碍，从而使得疾病扩散到所有其他系统。

所以，建立一个经得起考验的真正的商业系统并不容易，因为你忘记或者忽视的系统将导致你破产和毁灭。这也是我很少投资于仅仅有新产品或新想法的 E 或 S 的原因。职业投资人愿意投资于被验证过的系统，并且这个系统要有一个知道如何操作它的人。

因此，如果银行只把钱贷给被验证过的真正的系统，并寻找能够经营它们的人，那么你也应该做同样的事情，如果你想成为一个聪明的投资者的话。

3. 网络营销　就像特许经营权一样，网络营销最初也遭到了法规的打击。据我所知，一些国家对其进行严格限制，甚至已经取缔。你可以通过网络营销建立任何新的系统。我有好几个朋友都是借助这种形式成功地成为 B 的，我也随之改变了自己对这一新兴系统的看法。

当我放下自己的偏见，开始研究网络营销时，我发现许多勤勉而认真的人都成功地建立了自己的网络营销业务。我和这些人碰了面，见识了他们手上那些影响着人们的生活和财务未来的业务。我开始真正欣赏网络营销系统的价值。只要缴纳一笔合理的报名费（通常约 200 美元），人们就可以买到一个现成的系统，立即开始建立他们的事业。由于计算机技术的进步，这些系统是完全自动化的——那些令人头痛的文字工作、订单处理、分销、会计和售后服务几乎完全是由专门的网络营销软件系统来管理的。新的经销商可以集中自己的所有精力，通过共享这个自动化的工具来建立自己的业务，而不用像过去那样为做一笔小买卖而头疼、操心。

　　我有一个老朋友，他1997年在房地产投资上赚了10多亿美元，最近他也签约成为一个网络营销公司的经销商，并开始建立自己的业务。他非常勤勉地打理着自己的网络营销的生意，这让我十分惊奇，因为他绝对不缺钱。当我问他为什么这样认真时，他这样解释道："我花时间去学校学习成为一个注册会计师，并且读了工商管理硕士。当人们问我如何变得如此富有时，我向他们介绍了我所进行的数百万美元的房地产交易，我还告诉他们每年我都从中获得几十万美元的收入。然后我看到他们中的一些人尽量回避或者知难而退。我知道，他们不可能像我这样进行数百万美元的房地产投资。他们不但没有我这样的教育背景，也没有更多的钱可以投资。所以我想找到一种方式，让我可以帮助他们获得跟我投资房地产一样的被动收入——不用回到学校也不用花12年在房地产投资上摸爬滚打。我确信，网络营销给了人们获取被动收入的机会，支持他们通过学习成为专业的投资人。这就是我向他们推荐网络营销的原因。即便现在没有钱，他们也可以先辛勤工作5年，等攒够了钱之后再开始投资。在努力发展自己企业的这段时间里，他们既能完成必要的学习，又能获得必要的资本跟我做更大的交易。"

　　于是我的朋友成为了一个网络营销公司的经销商。经过一系列研究之后，他就像当初开始投资一样启动了自己的新业务。他告诉我："我之所以立刻加入到这个新行业来，是因为我想帮助人们找到钱来进行投资。而同时，现在新业务已经让我变得更加富有了。"

　　每个月，他会在两个星期六开两次培训课。第一讲，他会教人们什么是企业系统和人，以及如何成为一个成功的B。第二讲往往在月底的时候开课，他会教人们一些财务知识和财务信息。他在教人们如何变成聪明的I。他那个培训班的规模因此而迅速扩大。

　　他所推荐的模式其实和我的没什么两样。

个人的特许经营企业

　　因此，我建议人们考虑网络营销。很多知名公司的特许经营权价值100万美元或者更多。而网络营销就好像购买你自己的特许经营权，而价格一般不到200美元。

我知道大部分网络营销需要辛苦的工作，但是要知道想在任何象限取得成功都需要辛苦的工作。我自己没有做过网络营销，但我研究了几家网络营销公司和他们的薪酬计划。在研究的过程中，我还实际介入了几家公司，因为他们的产品非常好，我是作为顾客去消费这些产品的。

然而，如果你要去找一家好企业帮你迈向右侧的象限，那么我建议你最应重视的不是该企业的产品而是它所提供的教育。有些网络营销企业仅对你向你的朋友们推销他们的系统感兴趣，而有些企业则主要致力于教育你并帮助你获得成功。

从我对网络营销的研究来看，我发现你能从他们的计划中学到两件重要的事情，而这两件事情对你成为成功的 B 来说是必要的：

1. 要想成功，你需要克服害怕被拒绝的心理，不必过多地考虑他人对你的评价。我经常遇到一些人，他们畏缩不前，只是因为他们担心如果做了不同的事情朋友们会怎么说。我很了解这种心理，因为我也曾经是这样。在一个小城镇里，每个人都知道其他人在做什么，如果有人不喜欢你正在做的事情，整个城镇都会知道，而且会有人跳出来干涉你。

我反复对自己说的最管用的一句话就是："你怎么看我我管不着，最重要的是我怎么看我自己。"

富爸爸曾鼓励我在施乐公司做销售员，我在那儿干了 4 年，不是因为他喜欢复印机，而是因为他想让我学会克服羞怯和害怕被拒绝的心理。

2. 学会领导别人。与各种不同类型的人一起工作是企业里最困难的事。我所遇到的那些在任何企业中都很成功的人是天生的领导者。与人和睦相处并激励他人的能力是一项非常宝贵的技能，而这种技能完全是可以学会的。

如我所说，实现从左侧象限向右侧象限的转变并不在于你做了什么，而在于你要成为怎样的人。学会如何面对拒绝，如何不受他人意见的影响，以及如何领导他人，你就有望成功。因此，我会认可任何一家网络营销企业，只要他们首先承诺把我作为一个人才来培养，而不是把我变成一个销售员。

我会找这样的一些企业：

1. 一个有成功的成长记录、有分销系统、有多年来都很成功的薪酬计划而且被验证过的企业。

2. 有一个能让你获得成功的商业机会，它值得信赖并可以让你充满自信地与他人分享。

3. 有持续的长期教育计划，把你作为一个人才来培养。在右侧象限，自信是极其重要的。

4. 有严格的导师计划。你要向领导者而不是建议者学习，向那些已在右侧象限做领导者并希望你成功的人学习。

5. 有你尊敬并乐意与之相处的人。

如果一个企业满足了以上5项标准，你还要看一下他们的产品。太多的人只看产品而不看企业系统，太多的人在看了产品之后才观察企业。在一些被研究的企业中，有一种论调是："产品就可以推销自己，就这么简单。"如果你想成为一名销售员，一位S，那么产品当然是最重要的因素。但是如果你想发展成为长期的B，那么系统、人以及终身受益的教育则更为重要。

我的一位朋友及同事在这个行业中很有名气，他提醒我注意时间的价值，时间是我们最宝贵的财产之一。在网络营销公司中，真正的成功意味着你在短期内付出的时间和努力带来了巨大的长期的稳定收入。一旦你建立了一个很好的企业系统，你就能停止工作，而你的现金流会因你的企业系统继续产生。一个网络营销公司成功的关键是你和你的企业的长期承诺，即把你塑造成你期望成为的企业领导者。

系统是通向自由的桥梁

我不想重提我曾经无家可归的经历，但是对于我和我妻子，这段经历非常珍贵。今天，我们获得了财务安全和自由，不是因为我们拥有什么，而是因为我们确信能创造什么。

从那时起，我们创立并发展了一家房地产公司、一家石油公司、一家矿业公司和两家商业教育公司。在这段时间里我们学会了如何创立一个成功的系统，这使我们受益匪浅。但我并不是建议每个人都去经历这种生活，除非他们真的想这样做。

直到几年前，在B象限获得成功的人还只是那些勇敢或富有的人。我和我妻子必须勇敢，因为我们原本并不富有。如此多的人停留在左侧象限，就是因为他们觉得建立自己的系统风险太大了。对他们来说，找一份稳定而有保障的工作更为明智。

今天，由于技术进步，成为一位成功的企业主的风险大大降低了，任何人都有机会拥有自己的企业系统。

特许经营权和网络营销省去了创业的艰难。你在获准进入一个已被验证过的系统后，剩下的工作就是发展你的员工。

这些企业系统可以看成是一座桥梁，一座使你安全地从现金流左侧象限迈向右侧向限的桥梁——一座通往财务自由的桥梁。

下一章，我将要对右侧象限的第二部分，I，即投资人进行描述。

第 5 章
投资者的 7 个等级

富爸爸曾经问我："你认为赌马的人和炒股票的人之间有什么区别？"

"我不知道。"我回答说。

"没什么区别，"他说，"所以你不要做炒股票的人，你长大后应该成为发行股票的人。让经纪人出售你的股票，再由其他人来购买。"

很长一段时间，我都不明白富爸爸这番话到底有什么含义，直到我开始教别人如何投资，我才真正了解投资者有不同类型。

我要在本章特别感谢约翰·伯利。约翰是房地产投资领域公认的最聪明的人之一。他在他最后的 20 多年和早期的 30 多年里，没花自己一分钱，就购买了 130 多所住宅。他在 32 岁时就已经实现了财务自由，再也不需要工作了。随后，和我一样，他也选择了教育事业。他的知识不仅仅局限于房地产，他作为一名财务规划师开始了自己的职业生涯，所以他对财务和税收有着深刻的了解，而且他似乎有一种独特的能力将这些方面的知识解释清楚。

他有一种天赋，他善于领会复杂或抽象的事物并使之易于理解。在指导更多的人学习投资的过程中，他根据投资者掌握投资的程度和他们个性特征的差异，将投资者分成了 6 种类型。我将他的分类方法稍作修改，扩展为 7 种类型。

我用这种分类方法配合现金流象限来讲解投资者的世界，当你读到这些不同的等级时，或许会想起某个人，因为他刚好就处在那个等级上。

选择性的学习练习

在介绍完每个等级后，我都留下一定的空间，你可以填上一个或者一些人名，依据你的判断，他们就处在那个等级。当你发现自己所处的等级时，也可以把你的名字写上去。

就像我所说的那样，这只是一个选择性的练习，目的是增加你对不同等级的理解，而不是低估或贬低你的朋友。钱就像政治、宗教和许多其他事物一样变化多端，因此，我建议你对自己的想法保密。每个等级后面的空格仅是为了加强你的学习——如果你选择使用它的话。

我通常在投资课程开始的时候使用这个名单。这个过程使学习更有效率，它使许多学生明白了自己正处在哪个等级，以及他们想要到达哪个等级。

得到约翰的许可后，我依照自己这些年来的经验修改了这些内容。下面请仔细阅读这 7 个等级。

投资者的 7 个等级

第 0 级：一无所有的投资者

这些人没有钱来投资。他们不是花掉了自己挣来的每一分钱，就是花的比挣的还多。有很多"有钱"人都处在这个等级，因为他们花的和挣的一样多或者花的比挣的还要多。不幸的是，大约 50% 的成年人都属于这个等级。

你认识 0 级的投资者吗？（供选择）

_____

_____

第 1 级：借钱者

这些人通过借钱解决财务问题，他们甚至还用借来的钱进行投资，他们的财务计划就是用张三的钱付给李四。他们在财务生活中就像鸵鸟一样，将头埋进沙子里，希望并祈祷一切都顺利。他们有时可能也会拥有一些资产，但实际上是他们的负债增加了。对这些人来说，他们对金钱没有意识也没有良好的花钱习惯。

他们拥有的任何有价值的东西都跟负债有关。他们无节制地使用信用卡，然后把债务转成长期住房产权贷款，这样他们就能结算他们的信用卡，然后开始再次消费。如果房价上涨，他们将再次使用住房产权贷款，或者购买一所更大更贵的房子。他们相信房产的价值只会上涨。

那些"低首付，每月轻松支付"的广告词总是吸引着他们的注意力。听了这些话，他们经常去购买容易贬值的玩意儿，比如游艇、游泳池、汽车或者去度假。他们把这些容易贬值的东西看成资产，到银行申请另一项贷款，然后奇怪为什么他们会遭到拒绝。

购物是他们喜爱的运动方式。他们购买自己并不需要的东西，并对自己说："噢，买吧，你买得起"，以及"你值得拥有"，"如果现在不买它，我就再也看不到这么便宜的价格"，"这是减价商品"，或者"我要让我的孩子得到我不曾拥有的东西"。

他们想，把债务拖延很长时间是明智的。他们欺骗自己说我将来会更加努力地工作，会在某一天付清所有的账单。因此他们花掉挣来的每一分钱，甚至还没挣来的钱。他们是彻底的消费者。商店老板和汽车交易商喜欢这些人，如果他们有钱，就花掉它；如果没有，就借来花。

当被问到问题出在哪儿时，他们会说自己挣的钱还不够多。他们认为更多的钱会解决问题，其实无论他们挣多少钱，都只会欠债。大多数这样的人都没有意识到，他们挣到的钱在昨天也许是一种幸运或者一个梦想，但是今天，就算得到了昨天梦想的收入，他们还是会觉得远远不够。

他们看不出问题不在于他们的收入（或者没有收入），而在于他们用钱的习惯。一些人甚至认为自己的状况无法挽救，因而放弃了努力。结果，他们把头埋得更深，并继续做相同的事情。他们改不了借钱、购物、消费的习惯，在心情沮丧时花钱，就像狂食者在心情沮丧时没完没了地吃东西一样。他们花钱，感到沮丧，然后花更多的钱。

他们经常因为钱与自己的爱人争吵，强硬地捍卫着自己的购物欲望。他们生活在严重的财务灾难中，期望自己的财务问题会奇迹般地消失，或者假想总会有足够的钱满足自己的购物欲望。

这个等级的投资者通常看起来很有钱，他们有宽敞的房子，漂亮的汽车……但是如果你检查一下他们的账目，就会发现他们是用借来的钱购物。他们也可能挣很多的钱，但是他们随时有发生财务危机的危险。

在我的班里，有个学生曾经是一位企业主，他正是这种"挣大钱，花大钱"的人。他曾拥有经营多年、生意兴隆的珠宝连锁店，但是一次经济衰退结束了他的企业，可是他的负债还在。不到 6 个月，这些负债就使他不堪重负。他在我的班里寻找新的答案，但拒绝承认他和他妻子是第 1 级投资者。

他来自 B 象限，希望在 I 象限获得成功。他坚信自己曾经是一位成功的商人，并且能用同样的方式再走上财务自由之路。这是一个典型的例子，商人总是一厢情愿地认为自己可以自动地变成一位成功的投资者。事实上，商业规则并不总是与投资规则相同。

除非这些投资者愿意改变，否则他们的财务前景是凄凉的——或者他们与有钱人结婚，而他们的结婚对象必须忍受得了他们的这些可怕的习惯。

你认识处在第 1 级的投资者吗？（供选择）

_____

_____

第 2 级：储蓄者

这些人通常定期地把一"小"笔钱存起来。这笔钱以低风险、

110

低回报的方式保存着，比如货币市场的经常账户[①]、储蓄账户和大额可转让定期存单[②]。

如果他们有个人退休金账户，他们会把它存在银行或者共同基金的现金账户中。

他们储蓄通常是为了消费而不是为了投资（例如，攒钱买新电视、汽车，去度假等）。他们相信现金支付，害怕信用卡和负债，他们喜欢把钱放在银行里的那种"安全感"。

甚至在今天这个储蓄将带来负收益（除去通货膨胀和税收因素后）的经济环境中，他们也不愿去冒险。他们几乎不知道自从1950年以来，美元已经贬值了90%，而且美元连续贬值的速度已经超过了银行调低利率的速度。他们通常买了终生人寿保险，因为他们喜欢这种安全感。

这个等级的人经常浪费他们最宝贵的资产——时间，去节省某一分钱。他们花几个小时从报纸上剪下赠券，然后在超市中，排着长队，笨拙地寻找那些赠品。

如果不去努力地省钱，他们可以把这些时间用来学习如何投资。如果他们在1954年投1万美元在约翰·邓普顿基金上不去管它，到1994年它的价值将达到240万美元。或者，如果他们在1969年投1万美元在量子基金上，到1994年它的价值将达到2210万美元。他们对安全感的强烈需求，无非是出于恐惧，这迫使他们把积蓄用于低回报投资，如银行的大额可转让业期存单项目。

[①] 一种日常使用的账户。利息很低，但每月可以免服务费交易一定的次数。

[②] 由商业银行发行的、可以在市场上转让的存款凭证。

你经常会听到这些人说"节省1分钱就等于挣到1分钱",或者"我是为孩子们节省"。事实上,是某种深层次的不安全感支配着他们和他们的生活。其结果是,他们通常"怠慢了"自己和他们为之省钱的人,他们几乎与第1级投资者完全相反。

储蓄在农业时代是个好观念,但是一旦进入工业时代,储蓄就已经不再是明智的选择了。从美国政府抛弃金本位制,疯狂地印刷纸币使我们遭遇通货膨胀时起,简单的储蓄已经成了非常糟糕的投资选择。在通货膨胀时期,储蓄的人最终都赔了钱。当然,如果我们进入通货紧缩时期,他们将是大赢家——但前提是这些印刷出来的纸币仍然有价值。

有些储蓄是好事,建议你们在银行里存入可支付半年到一年的生活开销的现金。但是在此之后,有比银行储蓄好得多也安全得多的投资工具。把钱放进银行并收取5%的利息,而让别人获得15%或者更多的收益,这可不是一个明智的投资策略。

然而,如果你不愿意学习投资,害怕金融风险,那么选择储蓄的确比其他投资更好。如果你把钱放在银行里,就不必为很多问题操心了——银行家会善待你。他们为什么不这样做呢?你储蓄1美元,然而银行实际可以向外贷出10 ~ 20美元,并收取高达19%的利息,反过来它只付给你不到5%的利息。我想,我们都应该试着成为银行家。

你认识第2级投资者吗?(供选择)

_____

_____

第3级："聪明的"投资者

这组中有3种不同类型的投资者，这个等级的投资者很清楚投资的必要性。他们可能参加公司401（k）退休金计划、简化雇员养老金计划[①]、超级年金计划、养老金计划等。有时，他们也进行外部投资，如共同基金、股票、债券或者有限责任合伙。

通常，他们是受过良好教育的聪明人，占全国人口的2/3，我们称之为"中产阶级"。但是，对于投资，他们却不甚精通——或者说缺乏投资行业所说的"老练"。他们很少读公司年度报告，或者公司计划书。他们怎么可能会读呢？他们没有受过训练，不会阅读财务报告，而且缺少财务知识。他们可能有大学学位，可能是医生或者会计师，但是很少有人接受过正规的投资培训和教育。

这个等级的人又可分为3类。他们都是受过良好教育、有丰厚收入并且从事投资活动的聪明人。然而，他们之间仍存在着不同。

3.A级 这类人构成了"别来烦我"族。他们确信自己弄不懂钱是怎么回事而且永远不会懂。他们会这样说：

"我不太擅长数字。"

"我永远不会知道投资是怎样运作的。"

"我只是太忙了。"

"我有太多的文字工作要做。"

"这太复杂了。"

---

① 在该计划中，雇主为自己（自雇人）或雇员缴费，由雇员持有和管理计划、缴费必须以货币的形式而不能以所有权（如股票或债券）的形式进行。雇员在缴费上不必纳税，但从账户中接受分配时必须纳税。

"投资的风险太大"。

"我更喜欢把投资决策交给专家。"

"太麻烦了。"

"我丈夫（妻子）负责全家的投资。"

这些人只是把钱放着，很少关心他们的退休计划，或者把钱交给推荐"多元化"的理财专家。他们不考虑自己的财务前景，只是日复一日地努力工作，并对自己说："至少我还有退休金计划"。

当他们退休时，才会关心自己是如何投资的。

你认识 3-A 级投资者吗？（供选择）

_____

_____

3.B 级 这类人是"愤世嫉俗者"。这类人知道一项投资会失败的所有原因，身边有这些人是危险的。他们通常看起来充满智慧，说话颇具权威性，在他们的领域里也很成功，但是在聪明的外表下，他们实际上不过是懦夫。当你征求他们对股票或者其他投资的意见时，他们会告诉你，你到底是如何、为什么在各种投资中"受骗"的。结果你感觉极差，带着担心或者怀疑走开。他们最常重复的一句话就是："嗯，我以前就这样被骗过，他们再也别想骗我了。"

"我的经纪人要么是美林银行的，要么是迪恩·威特的。"他们经常这样说，他们用名人的名字来掩盖内心的不安。

然而奇怪的是，这些愤世嫉俗者却总像绵羊一样温顺地跟随着市场。他们总是在工作时读金融版面或者《华尔街日报》，然后在喝咖啡的时候告诉其他人他们了解到的信息。他们的言谈中充斥着最新的投资行话和术语。他们谈论大额交易，但从不参与其中。他们寻找第一版上刊登的股票信息，如果报道符合心意，他们就会购买。问题是他们买晚了，因为如果你从报上得到消息——那实在是太晚了。真正聪明的投资者在它成为新闻之前就购买了，愤世嫉俗者却不知道这一点。

当坏消息传来，他们通常会抱怨："我早知道会是这样。"他们总以为自己是游戏中人，但事实上他们只是旁观者。他们也想参与游戏，但很遗憾，他们如此害怕受到伤害。对他们而言，安全比游戏的乐趣更重要。

据心理学家们分析，犬儒主义是恐惧与无知的结合，它反过来产生自大。这些人通常在市场波动的后期进入市场，并等待民众或社会证明他们的投资决策是正确的。因为期待得到社会证明，所以他们总是晚一步，在高价时买入并在低价时卖出，和市场崩溃的情况一样。他们把高买低卖称为再次"受骗"。他们如此害怕发生的事情，却一次又一次地发生。

愤世嫉俗者就是那些专业人士通常称之为"蠢猪"的人。他们尖叫个不停，然后跳进自己设下的圈套。他们为什么会高买低卖呢？因为他们非常"聪明"又过于谨慎。他们聪明，但是害怕冒风险和犯错误，为此他们更加努力地学习，变得更加聪明。他们知道得越多，看到的风险也越多，因此学习得也更加努力。他们犬儒主义式的谨慎使他们一直等待，直至太晚。当贪婪最终战胜恐惧时，他们进入了市场，和其他同类人一起奔赴绝境。

愤世嫉俗者最差劲的地方是他们装成智者并用自己内心的恐

惧影响身边的人。谈及投资时，他们会告诉你，为什么事情进展得很糟糕，但是他们不能告诉你该怎么去做。在学术界、政界、宗教界和新闻界到处都是这些人，他们喜欢听到关于金融灾难之类的坏消息，这样他们就可以去"四处散布这些消息"。对于投资，他们实际上是一群放马后炮的人。不过他们却很少称赞金融市场的成功。愤世嫉俗者们发现挑毛病很容易，这是他们掩盖无知或懦弱的最佳方法。

最初的愤世嫉俗者是受人蔑视的古希腊学派，因为他们骄傲自大，对美德和成功充满了鄙视。他们的绰号是"犬人"（"愤世嫉俗"来源于希腊语中"狗"这个词）。一谈到金钱时就会有很多"犬人"出现——这些人很聪明，很有文化。小心不要让这些"犬人"粉碎了你的财务梦想，虽然这个领域的确充斥着无赖和骗子，但是又有哪个行业不是这样呢？

不用花钱、不用冒险就迅速地致富是有可能的，但条件是你必须亲自努力使之成为可能。你必须要做到思想开放，同时警惕愤世嫉俗者和骗子。他们在财务方面是同样危险的。

你认识 3–B 级投资者吗？（供选择）

_____

_____

3.C 级 这种类型的人叫做"赌徒"。职业交易商也称他们为"蠢猪"。不过"愤世嫉俗者"是过于谨慎，而他们则是不够谨慎。他们仔细观察股市或者任何投资市场，就像盯着拉斯维加斯的赌桌一样，一切全靠运气。抛出骰子，然后祈祷。

这些人没有设定交易规则或准则。他们做事的方式就像"大男孩",总是假想,直到他们赢了或者全部输光——当然后者的可能性更大一些。他们寻找投资的"秘诀"或"圣杯",寻找新鲜刺激的投资方式。他们不靠长期的勤勉、学习和领悟,他们靠的是所谓的"内幕消息"或者"捷径"。

他们涉足商品、首次公开发行股票、低价股、石油、天然气、牲畜和任何其他人类已知的投资市场。他们喜欢使用"老练的"投资技术,如边际差价、卖方期权、买方期权。他们参加"游戏",却不知道谁是玩家,以及谁制定了游戏规则。

这些人是这个世界上最差劲的投资者。他们总是试图来一个"本垒打",结果自己却经常"出局"。当人们问他们怎样投资时,他们总是含糊其词或者局促不安。事实上他们赔了钱,而且通常是很大一笔钱。这种类型的投资者 90% 以上的时间是在赔钱。他们对自己的损失从来闭口不谈,只记得 6 年甚至更久以前"赚"的那一大笔钱。他们自认为很聪明,而不认为仅仅是走运罢了。他们认为,他们所需要的是等待"一笔大交易",然后就一路顺风了。社会上管这种人叫"不可救药的赌徒"。说到底,他们只是在投资问题上过于懒惰。

你认识 3-C 级投资者吗?(供选择)

_____

_____

第 4 级:长期投资者

这类投资者非常清楚投资的必要性,他们积极地参与自己的投资决策。他们会十分清楚地列出长期计划，并通过该计划达到财务目标。他们在真正投资之前，会投资于自身教育。他们利用周期性投资，并尽可能地利用税收优惠。最重要的是，他们会向有能力的财务规划师征求意见。

请不要认为这种类型的投资者会在投资上花大把的时间，他们根本不会这样。然而令人疑惑的是，尽管他们投入的时间并不多，却在房地产、企业、商品，或者任何其他出色的投资项目上均有涉猎。而且，他们采用的是一种保守的长期策略，这种策略正是富达麦哲伦基金的彼得·林奇或沃伦·巴菲特等投资家所推崇的。

如果你还不是一名长期投资者，那么你应该尽快地成为这种人。什么意思呢？这就是说，你应该坐下来，制定一个计划，控制你的花钱习惯，把你的各种债务最小化；用你的钱生活，并增加你的财富；弄清楚你每月要投资多少钱，按实际回报率用多长时间能收回成本，以最终实现你的目标。你的目标应该是这样的：我计划在多少岁时停止工作？我每月将需要多少钱？

有了这样一个长期计划，你就会减少你的消费负债，并把一小笔钱（定期地）存入一项绩效最好的共同基金，只要你及早开始并时刻监督自己的行为，那么在积累退休财富方面你将有个良好的开端。

如果你处在这个等级，那么你需要简化你的投资，不要频繁地改变花样。忘掉那些复杂的投资，只做绩效好的股票和共同基金，而且要赶快学会如何购买封闭式共同基金——如果你还不会的话。不要试图超越市场，使用保险工具时你得聪明点，把它作为保障措施而不是积累财富的措施。先锋500指数基金在过去比2/3的共同基金的绩效都要好，可以把这样的共同基金作为一种投资基准。10 年后，它给你的回报将超过 90% 的"专业"共同基金经理人所获得的回报。但是请始终记住，没有"百分之百保险的投资"，指数基金同样有其固有的悲剧性缺点。

别再等待"大额交易"，试着通过小额交易进入"游戏"（就像我的第一笔投资，开始时我只投几美元）。先不要担心是对是错，只要开始做了就行了。一旦你投了一些钱进去——仅仅用一小笔钱开始，你就能学到很多东西。钱可以迅速提升你的才智，恐惧和犹豫则会拖累你。你总有机会参与更大的游戏，但是你永远无法挽回你在等待做合适的事或大额交易时所失去的时间和学习的机会。记住，小额交易通常能够导向大额交易——但是你必须先开始。

今天就开始，不要再等待。取消你的信用卡，卖掉"你的玩意"，买一份绩效好、不收手续费的共同基金（虽然，没有真正的"不收手续费"的基金）。和你的家人坐下来，制定一个计划，找来一位财务规划师，或者去图书馆读些有关财务规划的书，开始亲自管理你的钱(即使每个月只有 50 美元)。你等待的时间越长，你最宝贵的资产——无形并且无价的时间资产就浪费得越多。

有趣的是，美国的大多数百万富翁都来自第 4 级投资者。正如《邻家的百万富翁》中所描写的，百万富翁们通常开一辆福特金牛座轿车，拥有一家公司，并用自己的钱生活。他们研究或者被告知有关投资的事情，有计划地做长期投资。他们不会去做那些让人眼花缭乱的、冒险而冲动的投资，而是非常保守，拥有平衡性很好的财务习惯，这使他们能长期富有和成功。

有些人不喜欢风险，宁愿把精力集中于自己的专业工作或职业上，也不愿花时间去学习投资。对这些人来说，如果想过一种成功而富裕的生活，就必须成为第4级投资者。同时，征求财务规划师的建议非常重要，他们能够帮助你制定投资战略，使你在正确的轨道上开始长期投资。

第4级投资者富有耐心，善于利用时间。如果你早些开始，进行有规律的投资，就能创造出惊人的财富。如果你开始得太晚，过了45岁，那么这个等级将不再有效，尤其是从现在到2010年这段时期。

你认识第4级投资者吗？（供选择）

_____

_____

第5级：成熟投资者

这些投资者"财力充足"，能够制定出更积极的或者更有风险的投资战略。为什么呢？因为他们有良好的财务习惯、坚实的财力和卓越的投资智慧。他们不是投资游戏中的新人。他们实行集中化，而不是常见的多元化投资战略。他们有长胜的记录，但也赔了很多钱，这带给他们智慧，而这些智慧只能从犯过的错误中获得。

这些投资者经常进行"批量"而不是"零售"投资，他们把自己的交易整合在一起使用。他们还会足够"老练"地去参与第6级投资者的朋友们组织的交易，这些交易需要资金。

是什么决定他们如此"成熟"呢？是他们所拥有的雄厚的财力，这种财力来自他们的职业、企业或者退休收入，此外还有他们拥有的坚实而保险的投资基础。这些人很好地控制着个人的负债权益比率，这意味着他们的收入比支出多得多。他们在投资领域受过很好的培训，能积极地寻找新信息。他们谨慎，但不愤世嫉俗，始终保持着开放的头脑。

他们将全部资产的不到 20% 用于投机性投资。在开始时他们通常投入很少的钱，他们就这样学会了各种投资，如股票、企业并购、房地产组合、购买抵押品等等。如果他们损失了这 20%，他们也不至于破产或者没钱吃饭。他们会把这次失败看成是一次教训，从中学习，然后再回到游戏中学习更多的东西，他们十分清楚，失败是成功过程的一部分。他们憎恨失败，但并不害怕失败，失败激励他们不断地前进和学习，而不是使他们跌入痛苦的深渊或向他们的律师求助。

他们如果很成熟，就能够创造自己的交易，并获得 25% 甚至无穷的回报。人们认为第 5 级投资者很老练，因为他们有多余的钱、招之即来的专业顾问小组和能够证实这一点的历史记录。

就像我在前面说过的，这个等级的投资者把他们的交易整合在了一起。就像有些人从零售商那儿购买电脑，而有些人购买元件，然后"攒"出一台电脑一样，第 5 级投资者把不同的投资放在一起，组合成他们自己的投资。

第 5 级投资者知道，经济萧条时期或不景气的市场为他们提供了最好的成功机会。他们在别人退出时进入市场，并且通常知道何时才真正应该退出市场。对这个等级的投资者而言，退出战略比进入战略更为重要。

他们知道自己的投资"标准"和"规则"。他们选择的工具可能是房地产、贴现合同、企业、破产企业或者新发行的股票。虽然他们冒的风险大于普通人，但是他们憎恨赌博。他们有计划，有具体的目标，而且每天都进行研究。他们读报纸、看杂志、订阅投资时事通讯、参加投资研讨班，积极参与投资管理。他们了解钱，知道如何让钱为他们工作。他们的主要目标是增加资产，而不是只为了多挣几块钱去花。他们把自己的收益用于再投资，形成更大的资产基础。他们知道强大的资产基础产生高现金收入或者高回报，而且税收最少，这将有利于形成巨大的长期财富。

他们通常把这些知识教给自己的孩子，把家庭财产以企业、托拉斯和合伙人制的形式传给后代。他们几乎没有个人财产，这是为了避税或者规避罗宾逊准则，该准则提倡向富人征取高额税收并把它转移支付给穷人。但是，虽然他们不占有任何资产，他们却通过企业控制着一切占有他们资产的法律实体。

他们有私人智囊团为他们管理资产，他们接受专家们的建议并且不断学习。这个非正式的智囊团由银行经理、会计师、律师和经纪人构成。他们花一部分钱用于听取可靠的专家建议，这不仅增加了他们的财富，还避免了来自家庭、朋友、法律诉讼和政府的各种麻烦。甚至在他们离开这种生活之后，仍然控制着自己的财富。这些人通常被称做"金钱管理员"。他们甚至在死后仍然继续控制着那些钱的命运。

你认识第 5 级投资者吗？（供选择）

_____

_____

第 6 级：资本家

世界上只有少数人能达到这个投资精英所在的等级。在美国，

100个人里面也难找出一个真正的资本家。这种人通常既是优秀的B，又是优秀的I，因为他或她能够同时创办企业、创造投资机会。

资本家的目的是通过把别人的钱、别人的智慧和别人的时间和谐地组织在一起来赚钱。通常他们作为"发动者和引导者"，推动着美国和其他大国成为金融强国，比如肯尼迪家族、洛克菲勒家族、福特家族、保罗·盖蒂家族和罗斯·佩罗家族。正是这些资本家提供资金来设置工作岗位、创办企业、研发产品，并使国家繁荣。

第5级投资者通常用自己的钱为自己的资产组合创造投资，而真正的资本家通过使用别人的智慧和财富，为自己和他人创造投资。真正的资本家创造投资，然后把它们卖给市场。真正的资本家挣钱不需要自己有钱，因为他们知道如何使用别人的钱和别人的时间。也就是说，第6级投资者创造投资，其他人则购买这些投资。

他们使别人富裕起来，创造一些工作机会，并引发一些事情，当然前提是他们自己有利可图。在经济繁荣时期，真正的资本家做得很好；在经济萧条时期，真正的资本家变得更富。资本家知道，经济混乱意味着新的机遇。在人们发现机会到来的几年前，他们早已参与了产生这种机会的一些项目、产品、公司或者国家的有关活动。当你在报纸上读到一个国家陷入了麻烦、爆发了战争或者遇到了灾难时，你可以肯定，真正的资本家很快就会到那里，或者已经在那里了。当真正的资本家打算去那里时，大多数人却在说："离远点儿。那个国家／企业正处在混乱中，风险太大了。"

真正的资本家能够预期获得100%甚至无穷多的回报，因为他们知道如何管理风险，知道如何不用花钱就能挣到钱。他们能做到这一点是因为他们知道，钱不是一种事物，而仅是在人们头脑中创造出来的一种概念。虽然他们同样有每个人都有的恐惧，但是他们会利用这种恐惧并把它转化为兴奋，转化为新知识和新财富。他们生命中的游戏是钱生钱的游戏，他们喜欢金钱游戏胜过任何其他游戏——胜过高尔夫球、园艺等，这种游戏赋予他们生命。无论他们赢钱还是赔钱，你都能听到他们说："我喜欢这种游戏。"正是这一点使他们成为真正的资本家。

与第5级投资者一样，第6级的投资者也是优秀的"金钱管理员"。当你考察这个等级的人时，你常常发现他们对朋友、家人、教堂和教育十分慷慨。让我们看看那些创建了众所周知的教育机构的著名人物吧：洛克菲勒出资创建了芝加哥大学，摩根不只是用钱影响了哈佛，其他资本家用他们的名字命名他们帮助创建的机构，这些人包括范德堡、杜克和斯坦福，他们不仅是伟大的工业领袖，也对教育做出了巨大的贡献。

约翰·邓普顿先生致力于宗教和精神领域的发展，十分慷慨。当然，我们不能忘记福特基金会和盖蒂基金会，以及向联合国捐助了10亿美元的特德·特纳。

与许多聪明的愤世嫉俗者和批评者在我们的学校、政府、教堂和新闻中所说的相反，真正的资本家不仅是通过成为工业领袖，还通过提供工作和挣很多的钱这些途径为社会做贡献。要创造一个更好的世界，我们需要更多的资本家，而不是像那些愤世嫉俗者力图让你相信的那样——我们不需要资本家。

事实上，愤世嫉俗者远远多于资本家。愤世嫉俗者制造出更多的噪音，让大家处于恐惧之中，寻找财务安全而不是财务自由。正如我的朋友基思·坎宁安经常说的那样："我从未见过一座为愤世嫉俗者塑造的雕像，或者一所由愤世嫉俗者创建的大学。"

你认识第6级投资者吗？（供选择）

_____

_____

进一步阅读之前

至此，我们已完成了对现金流象限的解读，最后一章描述了Ⅰ象限。在我们继续下一章之前，还有一个问题：

1. 你自己处在哪个等级？

如果你真想迅速变富，请反复阅读从第0级到第6级，共7个等级的投资者。每次我阅读时，都能看到每个等级都有一些符合我自己的特征。我不仅认识到自己的优点，而且也认识到成功学家金克拉所说的"性格缺陷"——阻碍着我前进的缺陷。获取巨大财富的途径就是要增强你的优势，并克服你的性格缺陷。而要做到这一点，首先要正视你的缺点而不是掩饰缺点。

我们都想成为最好的。我几乎一生都在梦想成为第6等级的资本家，从富爸爸为我解释炒股的人和赌马的人之间的相同点时起，我就知道资本家才是我想成为的那种人。但是在研究了这7个等级之后，我发现了阻碍我前进的性格缺陷。虽然我现在已经是第6等级投资者了，但我仍在继续反复阅读这7个等级，并努力改进自己。

我在第3-C级中发现了自己的性格缺陷，它们总是在压力下显露出来。我身体内的投机冲动有它有利的一面，也有它不利的一面。在妻子和朋友的引导一下，通过进一步的学习，我开始克服自己的性格缺陷并把它们转化为优势。作为第6级投资者，我的绩效立即增加了。

这里还有一个问题要问你：

2. 近期你想成为或者需要成为哪个等级的投资者？

如果你对第2个问题的回答与第1个问题相同，那么你正处在你想要待的地方。如果你对自己所处的位置很满意，那么就没有太大必要继续读这本书了。比如说，如果你现在正处于第4级，但你不想成为第5级或第6级投资者，那么你不用再读下去。生命中最大的快乐之一就是对自己的现状满意。祝贺你！

警告

任何想成为第5级或第6级投资者的人，都必须先成为第4级投资者以发展他的技能。如果你想到达第5级或第6级，就不能简单地跳过第4级。任何没有第4级的技能并试图成为第5级或第6级投资者的人，事实上都是一个第3-C级投资者——一个赌徒！

如果你仍然想并且需要获得更多的财务知识，而且也对实现财务自由感兴趣，请继续阅读。剩下的几章将主要集中讨论处在B象限和I象限的人的性格特征。在这几章中，你将学会如何轻松而且低风险地从左侧象限迈向右侧象限。从左侧向右侧的转换将继续集中在无形资产上，而它们有可能在右侧象限成为有形资产。

在开始下一章之前，我还要问最后一个问题：在不到 10 年的时间里，从无家可归到成为百万富翁，你认为我和我妻子应该处在哪个等级上？答案在下一章，我将告诉你我自己在通往财务自由的旅途中获得的一些学习经验。

第6章
你不能光用眼睛看钱

1974年末，我买下了我的第一个投资项目，一套位于怀基基海滩旁的小房子。这是一套价值5.6万美元的房子，有两间卧室和一个洗澡间，这是一套非常好的出租屋——我知道它很快就会被租出去。

我开车到富爸爸的办公室，非常兴奋地向他展示这笔交易。他看了一眼资料，立刻抬头问我："你准备每月赔多少钱？"

"大约每月100美元。"我说。

"别傻了，"富爸爸说，"我还没有看那些数据，但是我从这些资料中已经看出你将损失得比这多得多。此外，你到底为什么投资明明知道会赔钱的东西？"

"嗯，这房子看起来不错，我认为挺值的。稍微粉刷一下，它就会跟新的一样。"我说。

"这还是不能说明问题。"富爸爸得意地笑道。

"好吧，我的房地产经纪人告诉我，不要担心每个月赔钱，他说几年以后，这所房子的价格会翻倍，而且政府会对我每月的损失提供税收减免。这是一笔非常好的交易，我担心如果我不买，别人会去买的。"

富爸爸站起来，关上办公室的门。当他这样做的时候，我意识到我将要认真地听他上一堂重要的课了。在此之前，我已经有过很多类似的经历。

"那么你每月将损失多少钱？"富爸爸再次问道。

"大约每月 100 美元。"我有点紧张地重复一遍。

富爸爸边浏览文件边摇头，开始上课了。那天我所学到的关于金钱和投资的知识比我在过去 27 年里学到的还要多。富爸爸很高兴我采取主动并投资房地产，但他也明确地指出我犯了一些可能酿成一场财务灾难的重大错误。不过，我从这次失败的投资中吸取的教训让我在以后的几年中赚到了几百万美元。

钱是用你的头脑来看的

"有些东西你光用眼睛是看不到的，"富爸爸说，"房地产就是房地产，股票就是股票，这些东西你能看到，但是你看不到的那些东西才更重要。交易、财务协议、市场、管理、风险因素、现金流、企业结构、税法和很多其他的事情决定了投资的优劣。"

这时他开始用一系列问题来分析这笔交易："你为什么要付这么高的利率？你认为你的投资回报是多少？这项投资与你的长期财务战略吻合吗？你的房屋闲置率是多少？你的回报率是多少？你核查该房地产公司的历史评估记录了吗？你算出管理成本了吗？你打算花多大比例的修理费？你知道这个城市刚宣布了要在哪个地区修路以改善交通状况吗？一条大道就要从你的房前穿过。居民们将要搬走，以躲开这个历时 1 年的工程，你知道这些吗？我知道现在市场看好，但是你知不知道是什么在驱动市场，商业经济还是贪婪？你认为这种趋势会维持多长时间？如果房子租不出去，你怎么办？如果租不出去，你能让你和你的房子撑多久？还有，是什么使你认为赔钱是笔好买卖？这才真正令我担心。"

"看起来这不是一笔好买卖。"我有气无力地说。

富爸爸笑着站起来，握了握我的手。"我很高兴你采取行动，"他说，"大多数人都想得到，却不敢行动。如果你做事，你就会犯错误，而正是从错误中我们学到的东西最多。但是一定要记住，实际上任何重要的东西都无法在教室里学到，必须要通过采取行动、犯错误然后改正错误来学习。这时智慧才有可能产生。"

我觉得好受了一些，而且我准备学习。

"大多数人，"富爸爸说，"95%是用他们的眼睛投资，只有5%的人用他们的大脑。"

富爸爸继续解释说，当人们购买一项房地产或者一只股票时，通常是根据他们眼睛所看到的，或者经纪人告诉他们的，或者一位同事的热情暗示来做出决策。他们通常是用情感而不是理智在购买。

"这就是为什么10个投资者中有9个赚不到钱，"富爸爸说，"他们虽然不一定赔钱，但就是赚不到钱。他们只是收支平衡，赚些钱，也赔些钱。这是因为他们用眼睛和情感投资，而不是用大脑投资。许多人投资是因为他们想快速致富，他们最终没有成为投资者，而是成了梦想家、不法分子、赌徒和骗子，世界上到处都是这种人。现在让我们坐下来，回到你做的这笔赔钱买卖上，我来教你如何把它变成赚钱的交易。我要开始教你用大脑去看那些用眼睛看不到的东西。"

由差变好

第二天上午，我回到房地产经纪人那儿，拒绝了这份协议并重新开始协商。这不是一个令人愉快的过程，但是我学到了很多。

3天后，我又去看我的富爸爸。我告诉他价格没有改变，经纪人得到了全部佣金，他应该得到它，因为他为此付出了劳动。不过，虽然价格保持不变，投资的条款却大不相同了。通过重新协商利率、支付条款和偿还期，我现在不是赔钱，而是确定每月能获得80美元的净利润，而且已经扣除了管理费用和闲置费用。如果市场不景气的话，我甚至能够降低价格还依旧赚钱。如果市场变得更加繁荣，我会提高租金以获取更多的收益。

"按以前的协议，我估计你每月将损失至少150美元，"富爸爸说，"甚至可能更多。如果你在工资和日常开销的基础上，继续支付每月损失的150美元，那么你能支付多少笔这样的交易呢？"

"几乎一笔也不能，"我回答，"几乎每个月我都没有150美元的余钱。如果做了最初那笔交易，我每个月都会觉得手头紧张。即使享受了税收减免，我可能仍然得再找一份工作以支付这笔投资。"

"可是现在，你能承受多少笔有80美元现金流的交易？"富爸爸问。

我笑了，说："和我能得到的一样多。"

富爸爸点头表示同意。"现在去找更多这样的交易吧。"

几年后，夏威夷的房地产价格飞涨。我不是只有一项资产升值，而是有 7 项资产的价值都翻了倍。这就是财商的威力。

"你不能这样做"

关于我的第一笔房地产投资，我还要附带提一件重要的事情。当我把新的报价拿给我的房地产经纪人时，他对我说的唯一一句话就是："你不能这样做。"

我花了很长时间说服他考虑如何做到我所希望的事。在此之后的所有事件中，我都能用到从这次投资中获得的许多教训，其中之一就是认识到，当某人对你说"你不能这样做"时，他可能正用一只手指着你——却有三只手指反过来指着他自己。

富爸爸告诉我"你不能这样做"并不一定意味着"你不能"，多数情况下是"他们不能"。

有一个发生在很多年前的经典例证。当人们对怀特兄弟说"你们不能那样做"时，感谢上帝，怀特兄弟没有听从。

寻找归宿的 1.4 万亿美元

每天都有 1.4 万亿美元通过电子系统环绕地球运转，而且数额正在不断增加。今天，被创造和可利用的货币比以往任何时候都多，问题是，今天的这些货币是看不见的，它们是电子货币。所以当人们用眼睛寻找货币时，他们什么也看不见。大多数人靠工资单辛苦地生活，然而每天有 1.4 万亿美元环绕地球寻找想拥有它的人。它在寻找知道如何照看它、培育它、使它成长的人。如果你知道如何照看货币，货币就会涌向你或者抛向你，还会乞求你收下它。

但是如果你不知道如何照看货币，那它就会远离你。记住富爸爸对财商的定义："财商不是指你挣了多少钱，而是指你有多少钱、这些钱为你工作的努力程度，以及你的钱能维持几代。"

盲人为盲人带路

"一般人在投资的时候，95% 是靠眼睛，仅有 5% 是靠头脑，"富爸爸说，"如果你想成为右侧象限的 B 和 I 那样的专业人员，你需要训练你的眼睛只看事情的 5%，训练你的头脑看剩余的95%。"富爸爸继续说："那些训练用头脑看钱的人比那些没有这样做的人的能力大得多。"

他对我听从谁的财务建议态度明确："大多数人在财务上努力挣扎的原因是，他们听从了那些和他们一样对货币一窍不通的人给出的意见。如果想让钱涌到你那里去，你就必须知道如何照顾它。如果钱在你的头脑中不是第一位的，那么它就不会粘到你的手上。如果它不粘到你的手上，那么钱以及有钱人都会远离你。"

训练你的大脑认识钱

那么，训练你用大脑看钱，第一步要做什么呢？答案很简单，就是掌握金融学。金融学使你具有理解资本语言和数字系统的能力。如果你不理解这些语言或数字，你可能就像是在说外语——而且在很多情况下，每个象限各代表着一种外语。

　　如果观察现金流象限图，你会发现每个象限都像一个不同的国家，使用着不同的语言。如果你不明白他们的语言，你也不会理解他们的数字。

　　例如，如果一位医生说"你的高压是 120，低压是 80"，这是好还是坏呢？这就是你需要知道的有关你的健康的全部信息吗？答案显然是"不"，不过这将是一个开始。

　　这就好像说："我持有的股票的市盈率是 12，我的公寓的回报率是 12。"这就是我需要知道的有关我的财富的全部信息吗？答案仍是否定的，但这同样意味着一个开始。至少我们开始说同样的语言，使用同样的数字，而这就是金融学即财务知识基础的开始。开始时就是要认识这些语言和数字。

　　医生说的话来自 S 象限，而后一类人说的话和数字则出自 I 象限。他们说的可能是不同的语言。

　　我不同意人们所说的"挣钱首先要投钱"。

　　依我的观点，用钱挣钱的能力源于对这些语言和数字的理解。就像我的富爸爸一直说的那样："如果钱在你的头脑中不是第一位的，那么它就不会粘到你的手上。"

知道真正的风险是什么

训练你的大脑认识钱之后，第二步是学会识别真正的风险是什么。当人们对我说，投资是有风险的，我会说："投资没有风险，没文化才有风险。"

投资更像飞行，如果你念过飞行学校，并花了几年的时间来获取经验，那么飞行就会充满乐趣、令人兴奋。但是如果你从没念过飞行学校，那么我建议你把驾驶舱让给别人。

坏建议是有风险的

富爸爸坚信，任何财务建议都比没有建议好。他是一个思想开放、谦逊有礼的人，能够倾听多方面的意见。但是最终他只凭借自己的财商做决定："如果你一无所知，那么任何财务建议都比没有建议好。但是如果你不能区分出好建议和坏建议，这将是非常危险的。"

富爸爸坚信，大多数人在财务方面努力挣扎是因为他们还按照父辈传下来的财务经验行事——并且大多数人都不是出生于富贵之家。"坏的财务建议是有风险的，而大多数坏建议都是从家里传下来的，"他经常说，"不是因为说了什么，而是因为做了什么。孩子们通过榜样学习多于通过语言学习。"

你的顾问只能和你一样聪明

富爸爸说:"你的顾问只能和你一样聪明。如果你不聪明,他们就无法告诉你太多;如果你已经掌握了财务知识,有能力的顾问就能向你提出更复杂的财务建议;如果你没有掌握财务知识,他们必须按照法律仅为你制定安全、没有风险的财务战略;如果你不是一个成熟的投资者,那么他们仅能建议低风险、低回报的投资,例如'多元化投资'。没有哪个顾问会愿意花时间教你,因为他们的时间也是金钱。因此,如果你靠自己学到的财务知识管理你的钱,那么有能力的顾问就会告诉你只有少数人才会注意到的投资和策略。但是,你首先必须接受教育,做好自己那部分工作。永远记住,你的顾问只能和你一样聪明。"

你的银行家在对你说谎吗

富爸爸同几位银行经理保持来往,他们是他的财务小组的重要成员。虽然他是他们的亲密朋友,并且尊敬他们,但是他始终认为,他必须为自己的最大利益小心提防——就像他期望那些银行经理为他们自己的最大利益小心提防一样。

经历了 1974 年的投资之后,富爸爸问我:"当银行经理告诉你你的房子是一项资产时,他说的是实话吗?"

因为大多数人都缺乏财务知识,不了解金钱游戏,所以他们通常必须听从他们信赖的人的建议。如果你缺乏财务知识,那么你需要信赖某个人,你希望他有丰富的财务知识。很多人根据别人的建议来投资或管理他们的钱，而不是靠自己，这样做的风险很大。

他们没有说谎，只是没有告诉你全部事实

事实上，当银行经理告诉你你的房子是一项资产时，他们没有对你说谎，只是没有告诉你全部事实。你的房子是一项资产，但他们没有说它是谁的资产。如果你读财务报表，就很容易发现你的房子并不是你自己的资产，而是银行的资产。记住我的富爸爸对资产和负债的定义，这出自《富爸爸穷爸爸》一书：

资产是能把钱放进你口袋里的东西；
负债是把钱从你的口袋里取走的东西。

左侧象限的人实际上不需要知道这种区别。他们大部分人对工作带来的安全感表示满意，他们有自认为属于他们的漂亮的房子，他们为此感到骄傲，并认定房子归他们所有。只要他们支付按揭房款，就没有人能把房子夺走。

但是右侧象限的人需要知道这种区别。要想拥有财务知识和财商，就要全面了解有关金钱的知识。在财务方面有一定基础的人一定知道，抵押贷款不是一项资产，而是资产负债表上的一项负债。你的抵押贷款实际上是对方的资产负债表——银行的资产负债表上的一项资产，而不是你的资产。

任何记过账的人都知道资产负债表必须平衡，但是在哪里平衡呢？实际上，你的资产负债表并不平衡。如果你看看银行的资产负债表，就会知道那些数字的真正含义。

你的资产负债表

资产	负债
	抵押贷款

银行的资产负债表

资产	负债
你的抵押贷款	

现在它平衡了，合理了。这就是 B 和 I 的记账方法，但是这不是在会计基础中所教的方法。在清算账目时，你会把你的房子列为资产而把你的抵押贷款列为负债。还有一点值得注意的是，你的房子的"价值"会随市场波动而变化，而抵押贷款是确定的负债，不受市场影响。但是，对于 B 或 I 而言，房子的"价值"并不能看做是一项资产，因为它不能带来现金流。

如果还清抵押贷款，情况会怎样

许多人问我："如果我还清了抵押贷款，情况又会怎样？这时房子是我的资产吗？"

我的回答是："大多数情况下，答案仍是否定的，房子仍然是一项负债。"

有几个原因可以解释我的回答。一个是维修费和保养费，资产就像一辆汽车，即使你不使用它，也要不断地花钱维护它——一旦有一个问题开始出现，那么所有的问题都会跟着出现。大多数情况下，人们用税后收入支付房子和汽车的修理费用，而 B 和 I 只把产生收入、带来正现金流的财产列为资产。

没有抵押贷款的房子也是负债，主要原因是你仍然没有真正拥有它——我是说真正地拥有。即使你是房子的主人，政府还是要向你征税。只要你停付财产税，你就会发现谁才真正拥有你的财产。

这就是税收留置权的起源，这一点我在《富爸爸穷爸爸》一书中也曾提到过。税收留置权是一个获得至少 16% 的利息的好方法，如果房主拒绝缴纳财产税，政府将对他们应纳的税款征收利息，利率从 10% 到 50% 不等。让我们讨论一下这种暴利，如果你不纳财产税，就会有像我一样的人来替你缴纳——在很多州都有像我这样的人。于是你就欠了我税收以及利息。如果在一定时间内，你不付税收和利息给我，我仅因为我替你缴的税就可以拿走你的房子。大多数情况下，财产税在退还时有优先权，甚至优先于银行抵押贷款。我曾在这种情况下买到一些房子，而我为此缴纳的税还不到 3500 美元。

不动产的定义

再次强调，要用你的大脑而不是你的眼睛来看钱。为了训练你的头脑，你现在必须知道有关词汇的真正含义和数字系统。

现在，你首先应该知道资产和负债之间的区别，你还应该知道"抵押贷款"的定义是"一项直到死亡都有效的协议"，以及"财务"的定义，即财务意味着惩罚。你现在要了解"不动产"这个词的来源以及一个叫做"金融衍生品"的流行的金融工具。很多人认为"衍生品"是新生事物，但事实上，它们很早就已经产生了。

"衍生品"的简单定义是"从某事物中派生出的事物"。衍生品的一个例子是橘子汁，橘子汁是橘子的一种衍生品。

过去我以为，不动产意味着"真实的"或者是可触摸的某种东西。我的富爸爸向我解释说，英文"不动产"（real estate）这个词实际上产生于西班牙语的"real"一词，意思是"皇室的"。不动产原意是指皇室的资产。

1500年左右，农业时代结束，工业时代开始，权力不再基于土地和农业。君主们认识到，他们不得不对土地法案进行改革，该法案允许农民拥有土地。这时，皇室创造出了衍生品，如对土地所有权"征税"和"抵押贷款"，利用这些方式让平民融资并获得土地。税收和抵押贷款就是衍生品，因为它们起源于土地。你的银行家不会称抵押贷款为衍生品，他们会说它是由土地"保障"的——不同的说法，相同的含义。因此，当皇室认识到，金钱不再产生于土地而是产生于源于土地的"衍生品"时，君主们建立了银行，让银行管理新增加的业务。今天，土地仍被称做"不动产"，因为无论你为它支付多少钱，它都不可能真正属于你，它仍旧属于"皇室"。

你的利率是多少……真的吗

富爸爸会为他支付的每1点利率进行态度强硬的斗争和协商。他问我："当银行经理告诉你，你的年利率是8%时——事实真的是这样吗？"

我知道这不是真的，只要你学会了读数字就会了解这一点。

让我们假设，你买了一所价值10万美元的住宅，首付2万美元，并以8%的利率和30年偿还期向银行借到剩余的8万美元。

5年内，你将付给银行35220美元，其中31276美元是利息，仅有3944美元是偿还债务。

如果你持有这笔贷款30年，你将支付本息共211323美元，远远多于你最初借到的8万美元。你支付的利息总和是131323美元。

另外，这211323美元还不包括财产税和贷款保险费。

有趣的是，131323美元看起来比8万美元的8%要多得多。这笔30年贷款的利率更像是160%。如我所说，他们并没有说谎——他们只是没有说出全部的事实真相。如果你不会读数字，你真的永远也不会知道这些；如果你对自己的房子很满意，你实际上并不会介意这些。但是，这个行业当然知道，几年以后你又会想买另一栋新房子，一栋更大或更小的房子，一栋别墅，或者重新融资你的抵押贷款。他们知道这一点，而且事实上，他们正热切地期待着你这么做。

行业平均值

在银行业，抵押贷款平均寿命是7年，即银行期望人们每7

年买一次新房子或重新进行一次融资。这意味着，他们每过7年可望收回他们最初的8万美元，再加上43291美元的利息。

这就是称它为"抵押贷款"的原因，"抵押贷款"（mortgage）这个词起源于法语"mortir"，意思是"一项直到死亡都有效的协议"。事实是，大多数人努力工作，不断地增加消费并购买新房子——使用新的抵押贷款。基于以上原因，政府提供税收减免，鼓励纳税人购买更贵的房子，而这意味着政府可以收到更多的财产税。不要忘了，每家抵押贷款公司还都要求你为抵押贷款购买保险。

每次我看电视，都会看到在那些商业广告里，英俊的职业棒球和橄榄球运动员微笑着劝你，让你把所有的信用卡债务变成"账单合并贷款"。这样，你不但能还清所有的信用卡债务，还能以更低的利率获得新的贷款。这时他们会告诉你为什么这样做是明智的："账单合并贷款是你的一项明智的贷款转移，因为政府将对你所支付的抵押贷款利息实行税收减免。"

观众们认为自己看到了良机，于是纷纷跑到他们的金融公司，重新对自己的住房进行融资，并还清他们的信用卡债务，还觉得自己相当明智。

几周之后，他们去逛商店，看到一件新衣服、一台新除草机，或者意识到他们的孩子需要一辆新自行车，或者他们因为工作太累而需要度假。于是他们不得不办一个新的信用卡——或者突然他们收到了一个新信用卡，因为已经还清了另一个。他们支付账单并拥有很好的信用额度，一边进行着激烈的心理斗争，一边自言自语："噢，继续下去。你应该这样，可以每月还一些钱。"

最终，情感战胜了理性，新的信用卡从隐蔽处溜了出来。

正如我所说，当银行经理对你说你的房子是一项资产时，在某种意义上说他们是在说谎。当政府为你的负债提供税收减免时，不是因为关心你的财务未来，而是因为关心自己的财务未来。因此，当你的银行经理、会计师、律师和老师告诉你，你的房子是一项资产时，他们只是没有说那究竟是谁的资产。

储蓄是资产吗

现在，你的储蓄是真正的资产，这是好消息。但是，同样，如果读一读财务报表，你将会看到事实的全貌。虽然你的储蓄的确是资产，但是当你看到银行的资产负债表时，你的资产又变成了负债。下面就是你的储蓄和支票簿在你的资产项目中的样子。

你的资产负债表

资产	负债
储蓄	
支票簿	

而下页图显示的是你的储蓄和支票簿在银行的资产负债表中的位置：

银行的资产负债表

资产	负债
	你的储蓄
	你的支票簿

为什么你的储蓄和支票簿对于银行是一项负债？因为他们必须为你的钱支付利息，并且要花钱来保护它。

如果你能理解这些描述和词汇的含义，你就能更好地理解那些眼睛看不到的金钱游戏了。

为什么你的储蓄得不到税收减免

如果你留意一下会发现，借钱购买房屋会使你获得税收减免，而存钱却不会使你获得这样的好处。你不觉得奇怪吗？

我没有确切的答案，但是我可以推测，一个很大的原因就是储蓄对于银行来说是负债。银行何必要让政府通过一项法律，鼓励你把将成为他们负债的钱放进银行呢？

他们不需要你的储蓄

此外，银行实际上并不需要你的储蓄。他们不需要这么多的存款，因为他们可以把钱放大至少 10 倍。如果你把 1 美元存在银行，按照法律，银行可以贷出 10 美元，而且，如果没有中央银行的准备金限制，还可能是 20 美元。这意味着你的 1 美元突然变成了 10 美元或者更多。多么神奇啊！当富爸爸告诉我这些时，我立即爱上了这个想法。那时，我真想拥有一家银行，并且想不用上学就成为一名银行家。

基于此，银行可以仅为你的 1 美元付 5%的利息。作为消费者，你觉得安全，因为银行为你的钱付一些钱。银行把这看成是良好的客户关系，因为如果你在他们那儿有储蓄，你就可以向他们借钱。他们想让你借钱，因为他们能对你借的钱收取 9%或者更多的利息。当你用 1 美元赚 5%的利息时，他们可以用由你的 1 美元产生的 10 美元赚 9%或者更多的利息。最近我收到一张新的信用卡，附带的广告中说利率是 8.9%，但是如果你了解这些精心印刷的合法的行话，你会发现利率实际上是 23%。不用说，这张信用卡被我剪成两半寄了回去。

不管怎样，他们拿到了你的钱

他们不给储蓄提供税收减免的另一个原因更加明显。如果你能读懂这些数字，并看出现金流向何处的话，你就会发现，不管怎样，他们拿到了你的钱。你存在资产项目里的钱，正在以你的抵押贷款利息支付的形式从你的负债项目流出。现金流的路径如下页图所示：

你的财务报表：

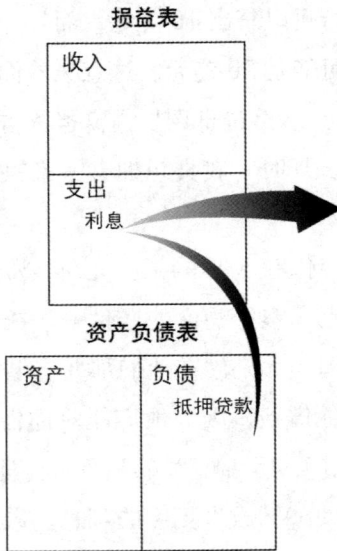

损益表

收入

支出 利息

资产负债表

资产	负债 抵押贷款

你的银行的财务报表：

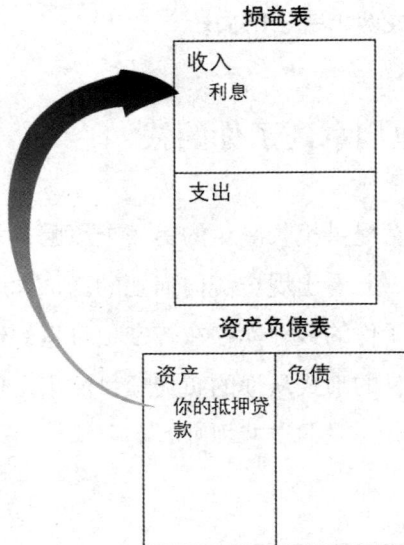

损益表

收入 利息

支出

资产负债表

资产 你的抵押贷款	负债

因此，他们不需要政府为你的储蓄提供税收奖励。不管怎样，他们都会拿到你的钱——以贷款利息的形式。

政客们不会干涉这个系统，因为银行、保险公司、建筑业、房产经纪人和其他人为政客们的竞选捐钱——政客们深知这是什么游戏。

游戏的名字

1974 年，我的富爸爸坐立不安，因为这种游戏正以不利于我的方式进行，我却全然不知。我投资了那项房产，并处于赔钱的境地，然而，我却被误导着相信那是会赚钱的投资。

"我很高兴你进入了这种游戏，"富爸爸说，"但是因为从没有人告诉你这是一种怎样的游戏，所以你已被骗到了失败者的队伍中。"

这时，富爸爸解释了这种游戏的基本知识："资本主义游戏的名字是'谁欠谁的债？'"

他说，一旦了解了这种游戏，我就能成为一个更好的玩家——而不是让别人来操控这个游戏。

你欠越多人的债，你就越穷

"你欠越多人的债，你就越穷，"富爸爸说，"越多的人欠你的债，你就越富。这就是游戏规则。"

如我所说，我尽力保持思想开放，因此，我没有说话，听他继续解释。他没有恶意地去批评什么，只是在解释他所看到的游戏："我们都欠某个人或某些人的债，当债务失去平衡时就会出现问题。不幸的是，这个世界上的穷人被这种游戏耍得太狠，他们已经不可能再陷入比这更深的债务中了。对于那些贫穷的国家，情况也是如此。世界只从穷人、弱者和缺少财务知识的人那里获取财富。如果你有太多的债务，这个世界就会拿走你所有的东西——你的时间、你的工作、你的家庭、你的生活、你的信心，然后再拿走你的尊严，如果你让他们这样做的话。我没有去设计这种游戏，也没有制定游戏规则，但是我了解这种游戏，并且玩得很好。我会向你解释这种游戏，我希望你也能学会玩。在你掌握了这种游戏之后，你就能用你了解的规律行事了。"

货币是负债

富爸爸继续解释道，我们的流通货币甚至也不能作为一种权益证明，它是一种债务工具。过去每一美元都由黄金或白银支持，但是现在的货币只是一种借据，由发行国的纳税人来担保支付。只要世界上的其他国家相信美国的纳税人能通过工作来支付这种被称做美元的借据，世界就会信任我们的美元。如果货币的关键因素，即"信心"突然消失，那么经济就会崩溃，就像积木搭建的房子一样倒塌掉——而这种积木房子在历史上已经倒塌过多次。

例如，德国魏玛政府发行的马克在第二次世界大战前就已经变得几乎没有价值了。就像那个故事中叙述的那样，一个老妇人推着满满一手推车的马克去买一个面包，回来后却发现有人偷走了手推车，留下了满街没有价值的马克。

这就是今天大多数货币都被看成是"法定"货币的原因,而这种货币却不能被转换成某种有形的东西——比如金银。货币只有在人们相信有政府做后台的时候才管用。"法定"的另一种定义是"由拥有最终权力的个人或集团制定的专制规则或命令"。

今天,全球经济大部分是以债务和信心为基础的。只要我们都坚定信念,并且没有人打破秩序,一切都将顺利进行……

而 FINE 这个词是我独创的一种缩写,即"不安全的,神经质的和情绪化的感觉"(Feeling Insecure Neurotic and Emotional)。

"谁欠你的呢?"

回顾 1974 年,当时我正在学习如何购买那栋价格为 5.6 万美元的房产时,富爸爸给我上了重要的一课,教会我如何安排交易。

"'谁欠谁的钱?'是这种游戏的名字,"富爸爸说,"有人用债务阻碍你。这就像是你和 10 个朋友去吃饭,你去了趟卫生间,但等你回来时,只有账单摆在那儿,10 个朋友都不在了。如果你想玩这种游戏,最好先学会怎么玩,了解它的规则,说同样的语言,并知道是和谁一起去玩。否则,就不是你玩游戏,而是游戏玩你。"

这只是一种游戏而已

听到富爸爸的这些话,我刚开始时很生气,但我还是听下去了,并且尽力去理解。最后,他用我能理解的方式解释道:"你喜欢玩橄榄球,对吗?"他问。

我点点头："是的，我喜欢这项运动。"

"嗯，玩金钱游戏是我的运动，"富爸爸说，"我喜欢金钱游戏。"

"但对许多人来说，金钱并不是一种游戏。"我说。

"的确如此，"富爸爸说，"对大多数人来说，这是生存，是一种人们讨厌却又不得不参与的游戏。不幸的是，人类越文明，金钱就越成为我们生活中不可或缺的一部分。"

富爸爸画出了现金流象限图：

"你可以把它看成网球场、足球场，或者橄榄球场。如果你想参加金钱游戏，那么你会加入哪个队呢？E、S、B还是I呢？或者你想在球场的哪一侧——右侧还是左侧呢？"

我指了指右侧的象限。

如果你承担了债务和风险，你就应该得到支付

"很好，"富爸爸说，"因此你在玩游戏时不能离开，而且不

能相信某个房地产经纪人告诉你，为期30年的每月损失150美元的交易是笔好买卖——因为政府会为你的损失提供税收减免，以及他预期房产价格会上涨之类的话。你不能用这种思维方式参与游戏，虽然这些想法可能是正确的，但这不是在右侧象限进行游戏的方式。有人正在劝说你借债，让你冒所有的风险，并为债务付钱。左侧象限的人也许会认为这是个好主意——但是右侧象限的人不会这样想。"

我轻轻摇了摇头。

"以我的方式来观察，"富爸爸说，"你愿意为这栋房子支付5.6万美元，你签署了债务合同，并承担风险。房客支付低于居住成本的租金，不足部分由你来提供补贴。现在你明白了吗？"

我摇了摇头："不太明白。"

"我参与这种游戏的方式是，"富爸爸说，"如果我负债并承担风险，我就应该得到支付。明白了吗？"

我点了点头。

"赚钱是基本常识，"富爸爸说，"而不是精深的科学知识。但不幸的是，一旦涉及金钱，常识也就不简单了。银行经理告诉你应该借债，告诉你政府会对它实行税收减免，然后房地产经纪人会告诉你应该签署这些协议，这是因为他认为能找到一个能让你赚钱的房客，并且依他所见房价将会上涨。如果你觉得这些有道理，就说明你我对钱的认识不同。"

我站在那儿，听他说每一句话。我必须承认，我曾经对我做的这笔看起来有赚头的生意感到兴奋，以至于失去了自己的理性。我没有分析这次交易，因为它"看起来"不错，它使我变得贪婪和兴奋，再也听不到那些数字和语言想要告诉我的事情。

就在那时，富爸爸告诉我一条重要的规则，一条他一直都在使用的规则："你的利润是在你购买时——而不是卖出时产生的。"

富爸爸确信，无论借债还是承担风险，都必须在他购买时就有意义——它必须在经济形势变坏时有意义，而且在经济形势一片大好时更有意义。他在选择是否购买时，从不依靠税收技巧或预测未来的水晶球，一笔交易必须在经济形势好或差时都有很好的经济意义。

我开始理解他眼中的金钱游戏，那就是，让别人欠你的债，并小心你欠别人的债。今天，我仍听到他这样说："如果你准备负债并承担风险，就要确信你能为此得到支付。"

富爸爸也有负债，但是他借债时总是很小心。"你借债时要小心，"他建议，"如果你个人借债，要确保数额很小；如果你借大额债务，要确保有人替你支付。"

他把金钱和债务游戏看成是愚弄你和我，甚至愚弄所有人的游戏，企业之间、国家之间都在进行这种游戏，但这仅仅是游戏而已。问题是，对大多数人而言，金钱意味着生存——甚至生活本身。可悲的是，没有人向他们解释这种游戏，所以他们仍然相信银行经理的话：房子是一项资产。

事实与建议哪个更重要

富爸爸继续给我上课："如果你想在右侧象限获得成功，那么当涉及金钱时，你必须知道事实和建议之间的区别。你不能像左侧象限的人那样盲目地接受财务建议，你必须明白这些数字背后的含义，必须了解事实，而数字能够告诉你事实。你的财务生存依靠事实，而不是某个朋友或理财顾问给出的冗长的建议。"

"我不明白事实和建议之间到底有什么区别，"我问，"前者比后者更好吗？"

"不是，"富爸爸回答，"只是要分清哪些是事实，哪些是建议。"

我站在那儿，仍然感到困惑。

"你知道你家的房子值多少钱吗？"富爸爸问。他举了一个例子来帮助我解除困惑。

"我知道。"我迅速回答，"现在我父母正想把房子卖掉，所以他们征求了一位房地产经纪人的意见。他们说这房子值3.6万美元，这就是说，我爸爸的净资产增加了1.6万美元，因为5年前买房时只花了2万美元。"

"那么这个判断和你爸爸的净资产，到底是事实还是建议呢？"富爸爸问。

我想了一会儿，明白了他的意图："两个都是建议，对吗？"

富爸爸点了点头说："非常好，大多数人在财务方面努力挣扎，因为他们一生都在靠接受建议而不是根据事实来做出财务决策。这些建议包括：你的房子是一项资产、房地产的价格总是上涨、蓝筹股是你最好的投资、要想挣钱首先就得花钱、股票总是优于不动产、你应该使你的资产组合多元化、要想富有就必须欺诈、投资有风险、要安全行事，等等。"

我坐在那儿，认真思考着，我认识到，我在家里听到的大部分有关金钱的事情实际上都是人们的建议，而不是事实。

"黄金是资产吗？"富爸爸问，把我的思绪拉了回来。

"是，当然是，"我回答说，"黄金是唯一经过时间考验的真正的货币。"

"再想一想，"富爸爸笑着说，"你现在是在重复别人关于资产的观点，而不是验证事实。"

"按照我的定义，只有当你的买入价低于卖出价时，黄金才算是一项资产。"富爸爸慢条斯理地说，"换句话说，如果你买时花了 100 美元，卖时得到 200 美元，那么它就是资产。但是，如果你买一盎司黄金花了 200 美元，卖时只得到 100 美元，那么这次交易中的黄金就是一项负债。正是交易中这些真实的财务数字告诉了你事实。实际上，唯一的资产或负债是你自己——因为最终是你把黄金变成资产，也只有你能把黄金变成负债。这就是财商教育如此重要的原因。我看到很多人把一个非常好的企业或者一项房地产变成了一场财务噩梦，很多人对待他们的生活也是如此，他们把辛苦挣来的钱变成了终生的债务负担。"

我更加糊涂了，心里有点不舒服，甚至怀疑富爸爸是在拿我的智力开玩笑。

"很多人被卷进去，因为他们不了解事实。每天我都听到一些可怕的事情，说有人赔掉了全部身家，因为他把建议当成事实。做财务决策时听取建议是可以的——但是你最好知道两者的区别。很多人根据代代相传的建议做出人生决策，然后他们想不明白为什么自己总在财务困境中苦苦挣扎。"

"是什么样的建议呢？"我问。

富爸爸笑了起来，然后说："好吧，让我给你列举几个我们都听过的建议。"

富爸爸一边笑，一边列单子，很明显他是在嘲笑人类的滑稽。那天，他列举的一些例子是：

1. "你应该嫁给他，他会是一个好丈夫。"

2. "找一份稳定的工作，在那儿干一辈子。"

3. "医生能挣很多钱。"

4. "他们的房子很大，一定很有钱。"

5. "他肌肉发达，一定很健康。"

6. "这车不错，一定适合小巧的老妇人开。"

7. "没有足够的钱让大家都变富。"

8. "地球是平的。"

9. "人类永远不会飞。"

10. "他比他姐姐聪明。"

11. "债券比股票安全。"

12. "犯错的人真笨。"

13. "他从不卖低价。"

14. "她永远不会和我出去。"

15. "投资有风险。"

16. "我永远也不会富有。"

17. "我没念过大学，所以我永远也不能出人头地。"

18. "你应该进行多元化投资。"

19. "你不应该进行多元化投资。"

富爸爸不停地说着，直到后来他看出我已经听烦了。

"好吧！"我最后说，"听了这么多，你究竟想说什么呢？"

"还有很多很多。"富爸爸微笑着说，"关键是大多数人的生活都是由他人的建议而不是事实决定的。要改变一个人的生活，首先要改变他的观念——然后开始观察事实。如果你能读懂财务报表，就能够看清事实，而不只是一家公司的财务成功；如果你能读懂财务报表，就能立即说出一个人应该怎样做——而不是听从他人的意见或凭你主观臆测。正如我所说的，建议和事实之间并不存在孰优孰劣，要想在生活中，尤其是在财务方面获得成功，你就必须知道两者的区别。如果你不能证明某件事情是事实，那么它就只是一个建议。财务上的无知是指一个人读不懂那些数字，因此他们必须接受别人的建议。如果把建议当成事实，那在财务上就不明智了。如果你想处在右侧象限，就必须知道事实和建议之间的区别，没有比这更重要的了。"

我坐在那儿，安静地听着，尽力理解他的话。虽然表面上这些都是简单的概念，但是当时我真的无法做到完全理解。

"你知道'适度的勤勉'是什么意思吗？"富爸爸问。

我摇了摇头。

"适度的勤勉就是说弄清楚什么是建议，什么是事实。当涉及与金钱有关的问题时，大多数人都很懒惰，或者总想寻找捷径，总之他们不够勤勉。还有一些人担心犯错误，所以他们虽然勤勉，但最终一事无成。我见过很多虽然十分勤勉却不动脑筋分析的人。关键是你必须知道如何筛选事实和建议，然后做出决策。如我所说，很多人都处在财务困境中，仅仅是因为他们走了太多的捷径，并根据建议而不是事实做出他们生活中的财务决策，而且这些建议通常来自 E 或 S。如果你想成为 B 或 I，你必须尽快了解这种区别。"

那天我对富爸爸的教导并没有感到激动万分，然而几乎没有什么教导对我的帮助比这更大了，尤其是当我在处理金钱问题时。这条训诫就是：要认识事实和建议之间的区别。

多年以后，也就是 20 世纪 90 年代初，我的富爸爸观察到当时的股市飙升，对此他唯一的评论是："这次股市飙升是高薪雇员和高薪自由职业者开始参与投资的结果，这些人付税过多，债务庞大，资产组合中只有证券。如果他们仅听从那些以为清楚事实真相的人的建议，那么他们将损失几百万美元。"

美国最伟大的投资家沃伦·巴菲特曾经说过："如果你在玩捉人游戏，但20分钟后你还不知道替罪羊是谁，那么你就是替罪羊了。"

为什么人们为金钱苦苦挣扎

最近，我听说大部分人从离开学校直到去世一直都处在债务困境中。

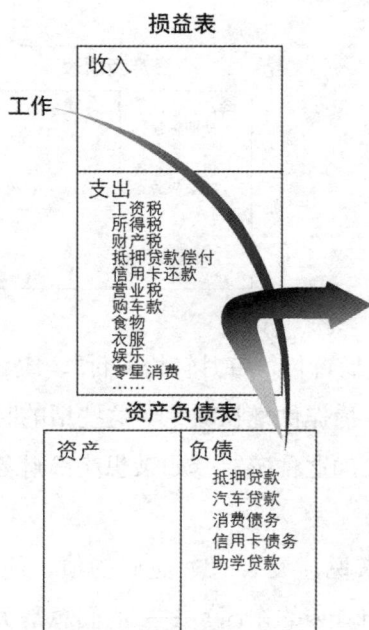

损益表

收入

工作

支出
工资税
所得税
财产税
抵押贷款偿付
信用卡还款
营业税
购车款
食物
衣服
娱乐
零星消费
……

资产负债表

资产	负债
	抵押贷款
	汽车贷款
	消费债务
	信用卡债务
	助学贷款

别人的资产负债表

如果你现在了解了这种游戏，你也许就会认识到，列出的这些负债必定出现在某个人的资产负债表中，如图所示：

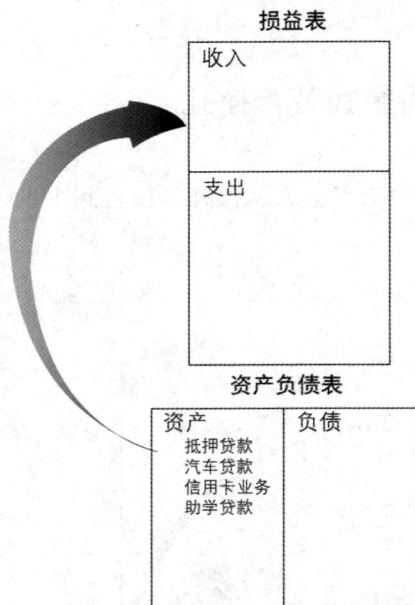

每当你听到"低首付，每月轻松支付"，或者"不必担心，政府会为你的这些亏损提供税收减免"这些话的时候，你就应该知道他们在引诱你参加这种游戏。如果想获得财务自由，你就必须变得更加聪明。

对大部分人来说，没有人欠他们的债，他们也没有不动产（能把钱放进他们口袋的东西）——他们总是欠别人的债，因此他们坚持寻求工作安全，为钱努力挣扎。如果不是因为有工作，那么他们会在瞬间破产。据说，一个普通的美国人如果 3 个月没有工资的话，就会破产。这是因为他们一直在追求更好的生活，并且为金钱游戏所困。房梁正在砸向他们，而他们还以为他们的房子、汽车、高尔夫球俱乐部、衣服、别墅和其他玩意都是自己的资产。他们总是相信别人告诉他们的话，他们也不得不信，因为他们读不懂财务数字，不明白事实和建议之间的区别。他们中的大多数人也不得不去上学，学会成为这种游戏的一名玩家，但是没有人为他们解释这种游戏。

没有人告诉他们这种游戏的名字叫"谁欠谁的债"，也没有人告诉他们，他们自己就是欠别人债的人。

货币是一个概念

我所喜爱的一首歌是肯尼·罗杰斯的《赌徒》，其中有一句歌词概括了整首歌的内容："如果想玩游戏，年轻人，你必须学会正确的玩法。"

我真诚地希望你现在已经掌握了现金流象限的基本知识，并且知道金钱实际上是一个概念，用你的大脑观察它比用你的眼睛观察得更清楚。了解金钱游戏和掌握它的玩法是通向财务自由过程中的一个重要部分，而更为重要的是，你需要成为现金流右侧象限的那种人。本书的第二部分将集中讨论如何让你"做最好的自己"，并分析下面这个模式：成为－做－拥有(Be－Do－Have)。

第二部分
做最好的自己

CASHFLOW Quadrant:
Rich Dad's Guide to Financial Freedom

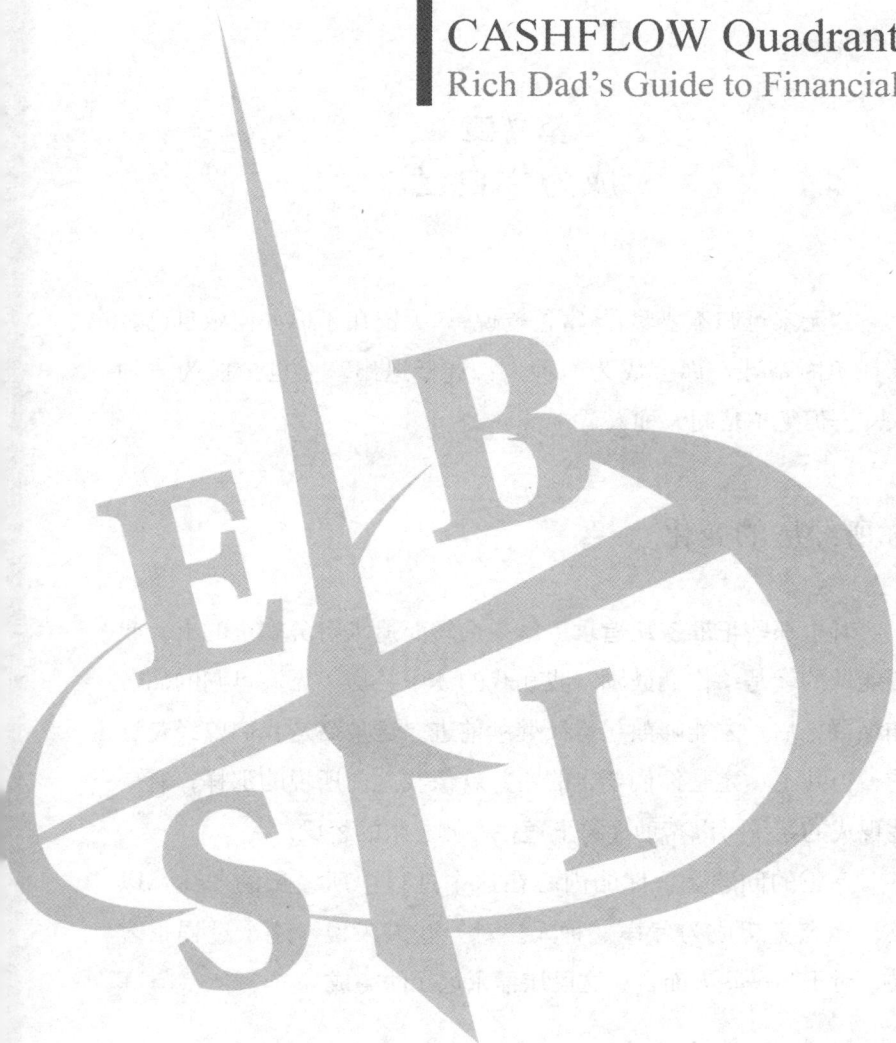

第7章
成为你自己

"无家可归不要紧，"富爸爸说，"关键在于你如何做自己。选择不断奋斗，你会成为一种人；选择退出，你也会成为一种人——但绝不是同一种人。"

你所经历的变化

对于那些正准备从追求工作安全转而追求财务安全的人，我所能做的就是给你们鼓励。我和我的妻子经历了无家可归的痛苦和绝望之后，才能够鼓起勇气继续前进。这条路是我们曾经走过的，但并不一定是你们要走的路。就像我之前所说的那样，有一些现成的系统可以帮助你跨上通往右侧象限的桥梁。

真正的问题是，你的内心在这个过程中所经历的变化，以及，你究竟想成为怎样一种人。对一些人来说，这个过程很容易，对于另一些人而言，这段旅程永远无法完成。

钱是一种毒品

富爸爸总是对我和迈克说:"钱是一种毒品。"

我们为他工作,他却拒绝付钱给我们,最主要的原因就是,他不希望让我们沉溺于为钱而工作。"你们一旦开始沉溺于金钱,"他说,"就很难再摆脱它。"

我曾经从加利福尼亚打电话给他,用一个成年人的口吻请他付我薪水,他仍然不准备破例——那个从我和迈克9岁起就保持下来的惯例。我们还是小孩子的时候,他不付钱给我们,现在也不会付,他仍旧很严厉,告诫我要远离对赚钱的沉迷。

他称钱为毒品,因为他注意到,人们在有钱时很高兴,没钱时就变得烦躁不安或者郁郁寡欢。这跟吸毒者一模一样,注射毒品之后就兴奋起来,没有毒品时就变得沮丧抑郁、充满暴力。

"小心对钱上瘾,"他经常说,"一旦你习惯了摄取钱,就无法摆脱它的纠缠。"

换句话说,如果你是个有定期工资的雇员,你会习惯于这种挣钱方式;如果你比较喜欢像自由职业者那样工作,你也很难跳出这种挣钱模式;如果你习惯了政府救济,这仍然是一个难以打破的形式。

"从左侧象限进入右侧最困难的一关就是,你必须改变目前的挣钱方式,"富爸爸说,"这不只是打破一种习惯,也是在戒掉一种'瘾'。"

因此,他对我和迈克强调,永远不要为钱工作。他坚持要我们学着创建自己的系统,并将此作为获得金钱的途径。

各种模式

对于我和我妻子，当我们试着努力转变收入方式进入 B 象限时，最大的难题就是我们过去形成的各种条件仍然阻碍着我们。当朋友们问："你们为什么要这样？干吗不去找份工作？"这时，我们心里很不是滋味。

更大的麻烦是，我们性格中的一面也想把我们拉回熟悉的有工资保障的生活中去。

富爸爸对我和迈克说，金钱的世界是一个庞大的体系。我们作为个人，应该学会如何在这个系统中操控某种方式。

例如：

E 象限代表为系统工作。

S 象限代表自成一个系统。

B 象限代表创造、拥有或控制系统。

I 象限代表投资于系统。

富爸爸的这种说法使我们自然而然地了解了金钱的运作方式，他让这些东西融进了我们的身体、思想和灵魂中。

"当人们需要钱时，"富爸爸解释道，"E 会自动去找工作，S 通常会独自做些事情，B 会创办或者购买一个赚钱的系统，而 I 会找机会投资一项更能赚钱的资产。"

为什么模式难于改变

"难以改变模式的原因是，"富爸爸说，"金钱对于今天的生活来说是必不可少的。在农耕时代，金钱还不是那么重要，因为不用花钱，土地就能提供食物、住所、温暖和水。一旦进入工业时代我们搬进城市以后，金钱就代表了生活本身。在今天，就连水也要花钱买。"

富爸爸继续说道，当你开始转移，比方说从 E 象限进入 B 象限，你的状态仍习惯于做 E，或者害怕结束那种生活，于是它就会踢打、反抗。这就像一个溺水的人为了呼吸到空气而挣扎，或者一个饥饿的人为了活命任何东西都会吃一样。

"你内心的斗争使得整个转变的过程变得如此困难。这是一场已经发生了改变的你与你想要成为的另一个你之间的战争，"富爸爸在电话里告诉我，"你内心中有一部分仍旧在寻找安全感，它在与你想获得自由的那部分斗争。只有你能决定最终谁会赢。你要么创建自己的企业，要么回去找份工作——永远停在那儿。"

寻找你的热情

"你真想前进吗？"富爸爸问。

"是的！"我立即答道。

"你忘记自己想做的事情了吗？你失去热情了吗？你难道忘了最初是什么让你陷入这种困境的？"富爸爸问道。

"噢。"我回应了一声，心里有些吃惊。我早已忘了这些，所以我才会站在这儿，拿着投币电话。我努力使自己清醒，并开始回忆最初是什么让我陷入这场混乱的。

"我知道，"富爸爸说，他的声音清晰地从电话那头传来"你担忧自己的生存胜于坚持梦想。你的恐惧压倒了你的热情。继续前进的最佳方法就是保持你心中的火焰永不熄灭。始终记住你开始时一心要做的事情，这趟旅程就会变得轻松。过多地担心自己，恐惧就会吞噬你的灵魂。要用热情来建立事业，不要畏惧。你已经走了这么远，现在离目标已经很近了，不要调头回去。记住你最初的梦想，让它长驻心中，让热情的火焰继续燃烧。你任何时候都可以停下来……可为什么一定要现在停呢？"

说完，富爸爸祝我好运并挂上了电话。

他是对的。我忘记了自己当初为什么走上这段旅程，我忘记了梦想，让恐惧占据了我的头脑和心灵。

几年之前，有部电影叫做《闪电舞》，它的主题曲中有这样一句："用你的热情让它发生。"

的确，我失去了热情，现在就正处在要么让它发生要么回家忘掉它的分水岭。我静静地站了一会儿，耳边又响起富爸爸说的最后一句话："你任何时候都可以停下来……可为什么一定要现在停呢？"

我决定晚些时间再停，直到我做出点什么。

成为拥有系统的老师

挂上电话之后，我长久地伫立在电话亭里。恐惧和失败不断地撕咬着我，而我的梦想早已被抛到了九霄云外。我的梦想是创建一个与众不同的学校系统，一套针对那些想成为企业家和投资者的人而创建的教育项目。我站在那儿，思绪又拉着我回到了高中时代。

在我 15 岁的时候，我的高中班主任曾经问我："你长大后想做什么呢？想像你爸爸那样当个老师吗？"

望着我的班主任，我直接、有力并且充满信心地回答说："我不会做老师的，那是我最不想做的事情。"

我不止是不喜欢学校，我甚至是憎恨它。我讨厌被迫坐在教室里，听某个我一点都不喜欢也不敬佩的人在那儿讲一些我毫无兴趣的话题，一讲就是好几个月。我烦躁局促、坐立不安，一定得在教室后面制造点儿麻烦，除非我没去上课。

所以，班主任问我是否想像爸爸一样当一名老师，简直把我吓了一跳。

那时，我还不明白热情就是爱与恨的结合。我喜欢学习，但讨厌学校。我讨厌坐在那儿，被安排成某个我不想成为的东西。而且，显然我不是唯一一个有这种想法的人。

关于教育的名言

丘吉尔曾说："我时刻准备着学习，而不是被教导。"

约翰·厄普代克说："那些元老们以自己的智慧，断定孩子是父母不自然的拖累。因此，他们提供了监狱，称之为学校；里面备有狱刑，称之为教育。"

诺曼·道格拉斯说："所谓的教育就是由国家所控制的回音制造厂。"

亨利·路易斯·门肯说："我相信，学校时代是人一生中最难熬的一个阶段。它充满了呆滞、愚笨的作业，不断翻新、令人生厌的规矩，以及对常理的残酷违背。"

伽利略说："你不能教会一个人任何东西，你只能帮助他找到自己的做事方法。"

马克·吐温说："我从来不让学校干涉我对自己的教育。"

爱因斯坦说："现在有太多的教育，尤其在美国的学校。"

一份来自学者爸爸的礼物

与我分享这些名言的人是我的那位很有学问的穷爸爸，他也看不上现行的学校系统——尽管他身在其中，而且干得不错。他之所以当老师也是为了打破这种盛行 300 年的陈腐系统，但不幸的是它制服了他。他满怀热情、不断努力，结果却撞到了南墙。这是一个有许多人从中牟利的系统，没有人想让它改变——虽然要求改变的呼声很高。

或许，我的班主任能未卜先知，多年以后，我的确追随爸爸当了老师。但我不是像他那样走进那个系统，我要用同样的热情创造我自己的系统，虽然这一度使我无家可归，但最终我的热情帮助我创造了一个有着独特的育人方式的教育系统。

当我的学者爸爸得知我和我妻子为了把我们自己的教育系统创建得更好而陷入经济困境时，他给我们寄来了这些名人名言，并在那张纸的上端写着：

"继续努力。爱你的爸爸。"

直到那一刻，我才明白我的学者爸爸有多么憎恶那个系统，以及那个系统对年轻人所做的事情。

在这次鼓励之后，一切开始变得有意义。驱动我的热情与多年前驱动爸爸的那份热情别无二致，我的确在骨子里继承了他的某些东西，不自觉地从他手中接过了火炬。在本质上我还是一名教师……也许这就是我憎恨那个系统的原因。

事实上，两个爸爸都塑造了我。从富爸爸那里，我学到了成为资本家的秘密；从学者爸爸那儿，我继承了教书育人的热情。由于两个爸爸的结合，我现在才能为这个教育系统做些事情。我没有想过也没有能力去改变现有的系统，但是我确信我有能力去建立自己的系统。

多年的培训开始得到回报

多年来，我的富爸爸一直努力将我培养为一个建立企业和企业系统的人。1977 年，我创办了第一家企业，那是一家制造公司。我们是第一批用尼龙和"维可牢"搭扣生产色彩鲜艳的"冲浪者"钱包的公司之一。随后我们生产了"鞋包"———种迷你钱包，也是用尼龙和"维可牢"搭扣做的，可以系在跑鞋的鞋带上。1978 年，慢跑成为一种新时尚，慢跑者总想找一个地方放钥匙、零钱和身份证，因此，我设计了这种"鞋包"并把它推向世界。

我们立刻取得了惊人的成功，但我对生产线和商业的热情很快就消退了。当我的小公司开始受到国外竞争者的冲击时，它开始支撑不住了。韩国和中国的台湾、香港正在生产、装运与我们相差无几的商品，并且占领了我们所开拓的市场。他们的价格如此之低，我们根本无法与之竞争。他们的零售价甚至比我们的生产成本还低。

我们的小公司面临一个两难的抉择：与他们竞争还是加入他们。合伙人都认为我们无法赢得竞争，那些公司用廉价的产品充斥着市场，它们太强大了。经过投票表决，我们决定加入他们。

为了生存，我们不得不解雇大部分忠诚而勤勉的员工，这使我感到悲哀。当我去考察与我们签约的韩国和中国台湾的新工厂时，我的信心再次受到打击。年轻工人们被迫挤在狭小的空间里工作，5个工人挤在一块儿，在美国，同样大小的空间我们只会安排一个工人工作。我的良心开始不安，不仅为了我们在美国解雇的那些工人，也为了这些正在为我们工作的外国工人。

虽然我们解决了与国外竞争的经济困难，而且赚到了很多钱，但我的心却不再在企业上了……企业逐渐开始走下坡路。它失去了它的灵魂，因为我的灵魂已经消失了。如果致富意味着剥削这么多低工资的工人，那么我不想再致富了。我开始考虑教人们如何成为企业主，而不是雇员。32岁那年，我成了一名老师，尽管当时我并没有意识到这一点。我的商业活动并不是由于缺乏体系而失败，而是由于缺乏良心。在那时，我和我妻子便开始了我们新事业的冒险，我们开创钱包公司的时代一去不复返了。

减员增效正在流行

1983年，我被邀请到夏威夷大学给一个MBA班演讲。我向他们讲述了我对工作安全的看法，但他们显然无法接受我说的一席话："几年后，你们当中将有很多人失去工作，或者被迫为越来越少的钱而工作，工作带来的安全感今后将变得越来越少。"

由于工作需要，我开始到世界各地旅行，我亲眼目睹了廉价劳动力和技术创新相结合带来的巨大威力。我开始认识到，亚洲、欧洲、俄罗斯以及南美的工人正在与美国的工人竞争。我知道，工人和中层管理者们追求高薪和安全稳定的工作的想法已经过时了。大公司很快就要被迫精简，包括减少员工人数和降低工资水平，这样它们才能参与全球竞争。

我再也没有被夏威夷大学邀请过，然而几年后，"减员增效"这个词成了标准的行业用语。当一家大公司被兼并时，工人就会显得过多，于是开始减员增效。企业主想让他们的股东高兴时，也会实行减员增效。每到此时，我都看到高层人物变得越来越富有，而低层员工则付出了巨大代价。

每当我听到人们说"我要把我的孩子送到一所好学校，以便将来他能找到一份安全稳定的好工作"时，我都会从心底感到不安，为工作做准备在短期内可能是个好想法，但是长期来看这远远不够。正是这种不安，促使我去向更多的人解释我的观点，渐渐地但可以肯定地说，我成了一名老师。

用你的热情构建一个系统

虽然我的制造公司起死回生并且再次运营良好，但我的热情已经一去不复返了。我的富爸爸这样总结我的失败："学校的日子结束了，到了该用你的心和热情去建立一个系统的时候了。让制造公司见鬼去吧，去建立你知道你必须要建立的东西吧。你已经向我学到了很多，但是你仍然是你爸爸的儿子，你和你爸爸在灵魂深处都是老师。"

我和我妻子收拾起所有的东西，移居加利福尼亚去学习新的教学方法，以便我们将来能够用这些方法创办一个企业。在我们的企业开始运营之前，我们已经用光了所有的钱，开始流落街头。正是我给富爸爸打的那个电话、妻子对我的支持，以及我对自己的愤怒与不满，再次点燃了我的热情并使我们从麻烦中摆脱出来。

很快，我们又开始建立企业。这是一家教育公司，使用的教学方法与传统学校的教学方法完全不同。我们不是让学生安静地坐在那儿，而是鼓励他们活跃起来。我们不是通过讲授而是通过游戏进行教学。我们没有使课堂变得令人厌倦，而是坚持让每一位老师都做到幽默风趣。我们寻找的不是一般的老师，而是真正开办了自己公司的企业界成功人士，让他们用我们自己的教学风格来讲授。不是老师给学生评分，而是学生给老师评分。如果老师得了低分，那么这位老师要么推出另一套详细的教学计划，要么申请辞职。

年龄、教育背景、性别和宗教信仰都不是评判标准，我们所要求的是对于学习和快速学习的强烈渴望。最终，我们能够在一天里教授一年的会计学课程。

虽然我们主要教授成年人，但也有很多年轻的学生，有些学生只有16岁，他们坐在那些薪水丰厚、受过良好教育的60岁的企业经理们身边学习。

我们不是让学生通过考试进行竞争，而是让他们建立小组进行合作，然后，让这些小组之间通过考试开展竞争。我们没有让学生为分数努力学习，而是把兴奋点放在钱上，获胜者可以拿回全部学费。以小组为单位的竞争和渴望做好的愿望是强烈的，甚至不需要老师去激励，竞争展开以后，老师甚至可以离开。在考试时间里，学生们不必保持安静，可以呼喊、尖叫、大笑甚至哭泣。人们对于这种全新的学习方式感到如此的兴奋，就此打开了学习的开关——他们想学得更多。

我们的教学集中在企业家精神和投资学这两门学科上，即现金流象限图的 B 象限和 I 象限。想用我们的教学方式学习这些科目的人络绎不绝。我们没有做广告，每一件事情都是人们口口相传的。参加学习的人都是想创造工作机会的人，而不是寻找工作的人。

自从那天晚上我在电话亭里决定不放弃之后，事情便开始有了起色。不到 5 年，我们就拥有了一个价值数百万美元的企业，在世界各地共有 11 家分公司。我们建立了一个新的教育系统，而且深受市场欢迎。我们的热情使它获得了成功，因为热情和一个好系统战胜了恐惧和旧系统。

老师也能变富

每当我听到老师们抱怨工资太低时，我都对他们表示同情。然而具有讽刺意味的是，他们是他们自身系统规划下的一种产品。

E 象限的人把他们看做是老师，B 象限或 I 象限的人却不这么看。记住你能成为你想成为的任何象限的人——老师也能成为想成为的任何象限的人。

我们能成为自己想成为的人

我们中的大部分人都有在所有象限获得成功的潜力，这取决于我们对成功有多大的决心。正如我的富爸爸所说："充满热情地建立企业，不要畏惧。"

改变象限所面临的困难通常是由我们过去所处的环境造成的。许多人的家庭会造成困难——在这种家庭里，恐惧感是使我们以某一特定方式思考和行动的主要推动力。例如：

"你做作业了吗？如果不做作业，学校会把你开除的，你的朋友也会嘲笑你的。"

"如果你总是做鬼脸，你的脸就会固定成那个样子。"

还有一些经典的句子："如果你不考高分，你就找不到安稳、福利好的工作。"

好吧，今天有很多人得高分，但是工作更不安稳了，福利也更少了。如此多的人有好成绩，但从不"关注自己的事业"，而只是找一份只关注别人的事业的工作。

在左侧象限是有风险的

我认识很多朋友，他们仍旧在工作或职位中寻找保障。但技术进步却以比过去更快的速度向前推进，要想在工作市场中生存，每个人都需要不断地学习最新技术。如果你无论如何都要接受再教育，那么为什么不花些时间学习右侧象限所需要的技能呢？如果人们能看到我在周游世界时所见到的情景，那么他们将不会再寻求保障。在今天，保障只是一个遥远的传说。勇敢地面对这个世界，并学习新事物，不要幻想躲起来。

我认为做一名自由职业者也是有风险的。一旦生病、受伤或受到其他事情的影响而无法保证工作时间，他们的收入就会受到直接影响。随着年龄的增长，越来越多的与我同龄的自由职业者都因辛苦的工作而使体力、精神和情感消耗殆尽。一个人忍受的疲劳越多，他就越觉得不安全，发生意外的可能性也就越大。

在右侧象限更安全

右侧象限的生活其实更安全。例如，如果你拥有一个稳定的系统，就能以越来越少的工作挣越来越多的钱。你实际上并不需要一份工作，也不需要担心失去工作，也不需要量入为出。你不仅不用量入为出，还可以增加你的财富。要挣更多的钱，你只需扩展你的系统和雇用更多的人。

高层次的投资者不用关心市场运行的好坏，因为他们在这两种情况下都能够运用他们的知识挣到钱。如果在未来的 30 年里，一旦出现市场崩溃或萧条，许多在婴儿潮时期出生的人都会惊慌失措，并且损失掉大部分他们留做退休金的钱。如果这时他们已经上了年纪，那么他们将无法退休，而不得不工作到无法工作为止。

至于赔钱的问题，职业投资人很少用他们自己的钱去冒险，可是仍然能获得最高的回报。相反，正是那些不懂投资的人在冒险，并获得最少的回报。依我看，所有的风险都在左侧象限。

为什么左侧象限风险更大

"如果读不懂数字，那么你就不得不听从别人的建议，"富爸爸说，"在购买房子时，你爸爸就盲目地接受了他的银行经理的建议，认为他的房子是一项资产。"

我和迈克都注意到他在强调"盲目"这个词。

"事实上大部分左侧象限的人都不需要对财务数字多么精通，但是如果你想在右侧象限获得成功，就要让数字成为你的眼睛，数字能让你看到大部分人看不到的东西。"富爸爸继续说。

"就像超人的透视眼一样。"迈克说。

富爸爸一边笑一边点了点头。"非常正确，"他说，"读懂数字、弄清财务系统和企业系统能使你看到一般人看不到的东西。拥有财务视觉能降低你的风险，相反，财务弱视会增加你的风险。如果你想要在右侧象限有所发展，就需要这种能力。实际上，用文字进行思考的左侧象限的人如果想在右侧象限，尤其是 I 象限获得成功，就必须学会用数字而不是用文字来思考。试图成为投资者，却依然保持旧的思维模式是非常危险的。"

"你是在说左侧象限的人不需要弄懂财务数字吗？"我问。

"对大部分人来说是这样的，"富爸爸说，"只要他们对在 E 或 S 象限工作感到满意，那么他们在学校里学到的那些数字知识就已经够用了。但是如果他们想到右侧象限去，那么了解财务数字和财务系统就是至关重要的。此外，如果你想创办一家小企业，那么你也不需要掌握数字。但是如果你想建立一个全世界范围的大企业，那么数字，而不是文字将意味着一切。这正是许多大公司通常由财务总监控制运营的原因。"

富爸爸继续说："如果你想在右侧象限获得成功，那么涉及钱时，你必须知道事实和建议之间的区别。你不能盲目听从左侧象限的人的建议。你必须清楚你的数字，必须了解事实，而数字会告诉你事实。"

谁付钱去冒险

"左侧象限不仅有风险，处在该象限的人还花钱去冒险。"富爸爸说。

"你这话是什么意思？"我问，"难道不是每个人都花钱去冒险吗？"

"不是，"富爸爸说，"右侧象限的人不是这样。"

"你是想说左侧象限的人花钱去冒险，而右侧象限的人为赚钱去冒险吗？"

"就是这个意思，"富爸爸微笑着说，"这是左右两侧象限最大的不同，也正是左侧比右侧风险更大的原因。"

"你能举个例子吗？"我问。

"当然可以。"富爸爸说，"如果你购买一家公司的股票，谁承担了财务风险？你，还是公司？"

"我想是我。"我仍然迷惑地回答。

"如果我是一家医疗保险公司，我为你的健康保险，并承担你的健康风险，那么我要付给你钱吗？"

"不是。"我说，"如果他们为我的健康保险，并承担这种风险，我得为此付给他们钱。"

"你说对了。"富爸爸说，"我还没有发现有任何一家保险公司，它既为你的健康或意外事故提供保险，又付钱给你，但是左侧象限的人却正在做着这样的事情。"

"有点复杂，"迈克说，"我还是不太明白。"

富爸爸笑了。"一旦你对右侧象限的理解再深入一些，你就能更清楚地看到这种区别了。大多数人都不知道这中间存在着区别，他们只是认为每件事情都有风险，并且应该为此付出。但是随着时间的流逝，当你得到越来越多关于右侧象限的经验和知识时，你的视野将会更开阔，你会看到左侧象限的人看不到的东西，也会明白为什么用寻找工作安全来回避风险是最危险的事情。你将发展自己的财务视觉，而不是盲目地接受别人的建议，仅仅因为他们有一个诸如银行经理、股票经纪人、会计师之类的工作头衔。你将有能力亲自观察，并了解财务事实和财务建议之间的区别。"

这是很有意义的一天。事实上，这是我印象中最好的课程之一，它拓宽了我的视野，让我看到了用眼睛无法看到的东西。

数字减少风险

如果没有富爸爸这些简单而深刻的训导，我怀疑我能否用自己的热情构建起我梦想的教育系统。如果没有他坚持对我进行财务知识和准确性方面的培养，我知道我无法这样聪明地进行投资，用如此少的钱获得如此高的回报。我始终记得他所说的话：如果你想完成更大的计划并且更快地取得成功，你就需要更加准确。如果你想慢慢致富，或者终生工作，并让别人管理你的钱，那么你就不需要那么准确。你想越快致富，你对数字的使用就应该越准确。

可喜的是，由于技术进步以及一些新产品的出现，今天，你可以更加容易地学到建立自己的系统所需要的技能，也能更迅速地提高你的财商。

你可以走得很快，但不要走捷径

"为了减少纳税额，你需要购买更大的房子，借更多的债，以便获得税收减免。"

"你的房子是你最大的投资。"

"你最好现在就买，否则房价会上涨。"

"慢慢致富。"

"量入为出。"

如果你花时间学习并学会右侧象限所需要的有关知识，那么这些话对你来说就没有任何意义。它们对左侧象限的人来说可能有意义，但是对右侧象限的人来说毫无意义。在右侧象限，你能够做任何你想要的事情，并且使事情进行得和你喜欢的一样快，挣到你希望挣到的钱，但是你必须付出努力。你可以进展得很快，但是记住，不存在任何捷径。

这本书不涉及任何答案，这本书讨论的是从一个不同的视角来观察财务挑战和目标。这并不是说一个视角一定比另一个更好；只是，拥有不止一个视角更为明智。

在阅读下面几章的过程中，你可以开始从一个不同的视角来观察财务、企业和生活。

第 8 章
我怎样才能致富

当我被问到"你在哪儿学会致富方法"时，我回答："小时候玩'大富翁'游戏时学到的。"

一些人以为我在开玩笑，另一些人则等待下面的话，认为这只是个引子。然而，这不是玩笑，我没有开玩笑。"大富翁"里变富的规则很简单，但它在生活中也同样有效。

4 幢绿房子，1 家红酒店

你或许还能回忆起"大富翁"中的致富秘密：先买 4 幢绿房子，然后把它们卖掉，再去买一家红色的大酒店。这就是全部规则，也是我和我妻子用来致富的规则。

当房地产市场变得很不景气时，我们用手头有限的钱购买尽可能多的小型住宅。当市场状况有所改善时，我们卖掉了 4 幢绿房子，然后购买了 1 家红酒店。我们不必工作，因为我们的红酒店、公寓和小型住宅给我们的生活带来了现金流。

这对汉堡包也有效

如果你不喜欢房地产，那么你还可以做汉堡包，建立汉堡包企业并出售特许经营权。几年后，不断增加的现金流会为你提供让你花不完的钱。

实际上，获得巨额财富的方法就这么简单。换句话说，在这个高科技的世界里，获取巨额财富的原理一直是简单的和低技术含量的，甚至可以说，它仅仅是一个常识。但不幸的是，对绝大多数人来说，一旦涉及钱的问题，常识也就不再简单了。

有些事情对我而言没有任何意义，比如为财产损失提供的税收减免，以及终生负债的做法；再比如当你的房子是一项负债并且每天还在消耗你的现金时，你也称它为一项资产；还有一个开销多于税收的政府；把孩子送到学校，希望他找到好工作，却不教给他任何的财务知识；等等。

做富人做的事很容易

做富人做的事很容易。很多富人在学校里的表现并不是很好，这是因为致富的"做法"很简单，你不必上学就可以变得富有。致富的"做法"总不会比火箭科学还复杂。

我向你推荐一本经典图书：拿破仑·希尔的《思考致富》。我年轻时读过这本书，它在很大程度上影响了我的生活方向。实际上，是富爸爸最早建议我读这本书的，并且很多人都喜欢它。

为什么这本书叫做《思考致富》，而不是《努力工作致富》，或是《得到工作致富》？其实很好解释。实际上，工作最努力的人最终很难富有。如果你想变富，你需要"思考"，独立思考而不是盲从他人。我认为，富人最大的一项资产就是他们与众不同的思考方式。如果你做别人做的事，你最终只会拥有别人拥有的东西。而对大部分人来说，他们拥有的是多年的辛苦工作、高额税收和终生债务。

当有人问我"要从左侧象限转移到右侧象限，我必须做什么"时，我的回答通常是："首先需要改变的是你的'思考'方式，而不是你要做什么。也就是说，为了去'做'需要做的事情，你首先需要'成为'谁。"

你想成为那种买4幢绿房子然后很容易地把它们变成一家红酒店的人吗？还是想成为难以做到这些的人呢？

很多年前，我上了一个帮助人们制定目标的培训班。那是20世纪70年代中期，我简直不敢相信自己花了150美元和一个美丽的周末去学习如何确定目标，我宁愿去海边冲浪。可我却在付钱给别人，让他教我如何确定目标。有几次我几乎退出了，但是我从中学到的知识帮助我获得了我一生想要的东西。

老师在黑板上写下3个词：成为－做－拥有。

然后说："我们的目标是这3个词中的'拥有'。这些目标包括拥有优美的身材、完美的人际关系、几百万美元、健康、名誉等。大部分人一旦确定了他们想要拥有的东西，即他们的目标，便开始列出他们要'做'的事情。因此很多人都有一张清单，列满了'要做的事情'。他们确定目标然后开始'做'。"

她先举了个减肥的例子："大部分想拥有完美身材的人都节食，而后去健身房。坚持几个星期后，大部分人又开始吃薯条和比萨，他们不再去健身房，而是坐在家里看电视。这就是只追求'做'而不重视'成为'的例子。"

"这不单纯是节食的问题，而是你按照食谱必须成为谁的问题。每年都有很多人为了减肥而到处寻找完美的食谱。他们都把注意力集中于他们必须做的事情，而不是他们必须成为什么样的人，如果不改变这种想法，再好的食谱也不会起作用。"

她又举了另外一个例子："许多人寄希望于通过购买新的高尔夫球具来改进球技，而不是用一个职业高尔夫球手的态度、思维方式和信念进行训练。拥有一套新高尔夫球具的球技不佳的高尔夫球手仍是一个球技不佳的高尔夫球手。"

接着，她谈到了投资："许多人认为买股票或共同基金能致富。然而，事实是仅仅购买股票、共同基金、不动产和债券并不能使你致富。仅做职业投资人做的事情并不能保证财务上的成功，一个拥有失败者心理状态的人将一直失败，无论他购买什么样的股票、债券、不动产或共同基金。"

接着，她又举了一个寻找完美而浪漫的伴侣的例子："很多人去酒吧或教堂寻找他们梦想中的完美的人，这是他们所'做'的事情。他们'做'的只是去寻找'完美的人'，而不是努力'成为完美的人'。"

另外一个案例是关于人际关系的。"在婚姻中，很多人试图改变对方，从而使婚姻变得更幸福。而当他们试图改变对方时，这种做法只会引起争吵，最好的做法应该是先改变你自己。"她说，"不要在对方身上下工夫，要在你对对方的看法上下工夫。"

当她谈论人际关系时，我想起了这些年来我认识的很多人，他们试图"改变世界"，但总是一无所获。他们想改变所有人，唯独不想改变他们自己。

她又举了一个关于钱的例子。她说："对于金钱问题，很多人试图'做'富人做的事情，'拥有'富人拥有的东西。因此，他们购买看起来富丽堂皇的房屋，看起来豪华的汽车，把孩子送到富人的孩子们才去的学校。这种做法的结果只是导致人们更努力'做'工作，'拥有'更多的债务，而这又使他们不得不更努力地工作——真正的富人可不这么做事情。"

我坐在教室后面点头同意。富爸爸不这样解释事情，但他的确经常对我说："人们认为，为了挣钱努力工作会变富，就可以买到使他们看起来很富有的东西。但是大多数情况下并非如此，这只会使他们精疲力竭。他们称之为'跟上琼斯'[①]，但是如果你注意观察，就会发现琼斯已经精疲力竭了。"

在这个周末班上，富爸爸曾经告诉我的许多事情都开始变得清晰起来。多年来，他为人谦逊。他不是努力工作去付清账单，而是努力获取资产。如果你在街上看到他，会觉得他看起来与别人一样。他开着一辆二手卡车，而不是昂贵的轿车。在他最后的30年里，有一天，他摇身一变，成了一位金融巨人。在他突然买下了夏威夷的一项大型房地产后，人们才注意到他。当他的名字出现在报纸上时，人们才知道这个安静的不铺张不招摇的人拥有许多企业和很多一流的房地产。并且，每当他说话时，他的银行经理们都在倾听。很少人见过他居住的简朴的房屋，当他从他的资产中挣到很多钱以后，他为家人买了一所很大的房子。他不是

---

① 琼斯是英语国家中很普通的姓，因此这里就用琼斯来代表普通人。"跟上琼斯"的意思是指（在家庭财富和其他方面）做到与普通人一样。

贷款，而是支付现金。

在那个以制定目标为主题的周末班结束之后，我意识到，许多人在"做"富人应该做的事情，尽力"拥有"富人拥有的东西。他们通常会购买大房子，投资于股市，因为他们认为这是只有富人才做的事情。然而，富爸爸尽力想告诉我的是，如果他们仍旧持有穷人或中产阶级的信念和想法，却做着富人做的事情，那么他们最终仍然只会拥有穷人和中产阶级拥有的东西。"成为－做－拥有"开始变得有意义。

现金流象限是关于成为——而不是做的

从左侧象限转到右侧象限不是"做"的问题，而是"成为"的问题。

不是 B 或者 I 所做的事情，而是他们如何"思考"使两者之间产生了差别。他们是他们本质上的"那种人"。

幸好改变你的思想不需要花钱，你可以免费做到。然而不幸的是，有时很难改变某些内心深处有关金钱的核心思想，它们是代代相传的，或者是从你的朋友、工作中和学校里学来的。然而，你有能力改变自己的思想，这也是本书主要讲述的内容。这不是一本关于"做什么"从而实现财务自由的指南，这里不讨论买什么股票或者什么共同基金最安全，这本书主要讨论如何改变你的核心观念或财务观（成为），以便你能采取行动（做），最终使你实现财务自由（拥有）。

安全性是 E 关心的事情

总而言之，E 象限的人谈论到金钱问题时，通常都高度评价安全性。对他们而言，钱通常不如安全性重要。他们能在生活中的其他方面冒险，比如跳伞，但在金钱方面他们不冒任何风险。

完美主义是 S 关心的事情

这又是一个总结：我观察到那些现在处于 S 象限，但正尽力从左侧象限移到右侧象限的人几乎都有一种"亲力亲为"的想法。他们喜欢"自己做"，因为他们非常需要确信事情能否做"好"，而且当他们看到别人没做"好"时，就会非常难受，因此他们要亲自做。

对很多 S 来说，最重要的是"控制"，他们需要控制一切。他们憎恨犯错误，尤其憎恨的是别人犯错误却弄得他们看起来很糟糕，这使得他们成为优秀的 S，因此你可以雇用他们为你完成特定的任务。毕竟，你希望你的牙医、你的律师、你的脑外科医师、你的建筑师都是完美主义者，这是你付给他们钱的原因。这是他们的优点，但从另一个角度上看也是他们的弱点。

情商

作为一个人，很重要的一个特点是有人性，而有人性就意味着有情感。我们都有相同的情感，我们都能感受到恐惧、悲伤、气愤、爱、恨、失望、欢乐、幸福和其他情感，使我们各不相同的是我们对待这些情感的方式不同。

对于投资风险，我们都感到恐惧——即使是富人，区别在于我们对待恐惧的方式。对很多人来说，恐惧感会让他们这样想：安全地做事，别冒风险。

对于另一些人，尤其是右侧象限的人，对赔钱的恐惧则会使他们这样想："要聪明地做事，学会驾驭风险。"

相同的情感，不同的思想——不同的类型——不同的做法——不同的结果。

对赔钱的恐惧

我认为，人类为钱而努力挣扎的主要原因是对财务损失的恐惧。由于这种恐惧，他们通常做事过于谨慎，或者过于约束自己，甚至干脆把钱交给他们眼里的专家，希望并祈祷钱在他们需要时会随时出现。

如果恐惧使你成为某个现金流象限的囚徒，我建议你读一读丹尼尔·高曼的《情商》。在书中，高曼解释了这样一个古老的问题：为什么在学校里成绩优秀的人在生活中往往难以在财务上取得成功。他的答案是情商比智商更有影响力。因此那些敢于冒险、犯错误然后改正错误的人会比那些因害怕冒险而不敢犯错误的人做得更好。太多的人以优秀的分数毕业，在情感上却没有准备好去冒险，尤其是财务风险。如此多的老师并不富有，原因就是他们在"惩罚犯错误的人的环境"中工作，而且他们自己通常是情感上害怕犯错误的人。相反，要想获得财务自由，我们需要学习如何犯错误和驾驭风险。

如果人们耗其一生担心赔钱，害怕做与众不同的事情，那么对他来说致富几乎是不可能的，即使致富的过程就像买 4 幢绿房子然后再换成 1 家红酒店那样简单。

情商更重要

读完高曼的书，我开始认识到，财商就是 90% 的情商加上 10% 的财务技术信息。高曼引用了 16 世纪鹿特丹的人类学家伊拉斯谟的话，此人曾经写过一篇关于理智和情感之间长期对立关系的讽刺性小说。在他的文章中，他用 24∶1 的比率说明情感大脑与理智大脑的力量对比。换句话说，情感处于主要地位，情感的力量是理智的 24 倍。我不知道这个比率是否正确，但是作为情感思维与理智思维的力量对比的一种参考，这的确很有帮助。

24∶1

情感大脑∶理智大脑

我们所有人，如果我们是有人性的，都经历过情感战胜理智的情况。我肯定大部分人都曾做过这样的事：

1. 出于愤怒说出一些我们后来希望没有说过的话。

2. 被某个我们知道并不适合自己的人所吸引，仍然与他们一起出去，或者更糟糕的是，与他们结婚。

3. 因为失去了爱人而哭泣，或者看到别人为此失声痛哭。

4. 故意做某事去伤害我们所爱的人，因为我们被伤害了。

5. 感到心碎并且好久不能恢复。

这些只是情感战胜理智的几个例子。

有时情感的力量超过 24∶1，这时我们通常称之为：

1. 上瘾，如对食物、烟、性、购物、毒品等上瘾。

2. 恐惧症，如对蛇、高度、狭小的空间、黑暗、陌生人等的恐惧。

这些和其他一些行为通常百分之百由情感驱动，当某件事情像上瘾和恐惧症一样强烈时，理智几乎没有什么力量可以战胜情感。

恐蛇症

我在飞行学校时，有一位朋友患有恐蛇症。在一节关于飞机被击落后我们如何在野外生存的课堂上，老师拿来一条无毒的蛇，教我们如何吃它。我的朋友，一位成年人，跳起来叫着跑了出去。他不能控制自己，不仅是因为他对蛇的强烈恐惧，还因为吃蛇的想法使他在情感上根本无法忍受。

恐钱症

面对财务风险，我看到人们在做同样的事情。他们不是查明投资的情况，而是跳起来，尖叫着跑出去。

关于金钱问题，存在许多严重的情感恐惧症——数量太多以至于无法一一列出。我患有这些疾病，你们也一样，所有人都一样。为什么呢？因为不论喜欢与否，金钱是一种与情感有关的事物，因此大多数人不能理智地对待金钱。如果你认为金钱与情感无关，那么请观察一下股票市场。其他大多数市场也和股市一样毫无逻辑可言——只有贪婪和恐惧这两种情感。或者观察一下人们钻进一辆新轿车，闻着里面皮革味道的样子，而销售员所做的就是在他们耳边小声说着一些充满魔力的话，"低首付，每月轻松支付"，这时所有的理智都跑到了窗外。

带有情感的思想听起来很有道理

带有浓厚情感的思想所带来的问题是，它们听起来很有道理。对于 E 象限的人来说，当恐惧感存在时，他们的逻辑思维是这样的："安全行事，别冒风险。"但是对于 I 象限的人来说，这种想法完全没有道理。

对于 S 象限的人来说，在选择是否信任别人能做好工作的问题上，他们的逻辑思维可能是："不，我要自己去做。"

这是非常多的 S 型企业通常是家庭企业的一个原因，对于他们来说，信任比什么都重要，他们相信"血浓于水"。

因此，不同的象限——不同的逻辑——不同的思想——不同的行动——不同的收获——相同的情感。情感使我们成为人类，情感是人性的一个重要部分。

是我们对这些情感的反应方式决定了我们做什么。

我不喜欢它

想知道你是情感思考型还是理智思考型的一个方法就是，注意你在交谈中是否使用"感觉"这个词。例如，许多由情感或感觉支配的人会这样说："今天我觉得不想锻炼。"很明显，在理智上他们知道自己应该锻炼。

许多在财务方面挣扎的人不能够控制自己的感觉，他们甚至让感觉支配自己的思想。我听到他们说：

"我觉得自己不喜欢学习投资，太麻烦了。"

"我觉得投资不适合我。"

"我不想把自己的事情告诉我的朋友。"

"我讨厌被拒绝的感觉。"

父母－孩子－成年人

这些也是来自情感而不是理智的思想，按通俗心理学的说法，这就像父母与孩子之间的对抗。父母常常用"应该"说话，例如，一个家长可能说："你应该做作业。"而孩子则用"感觉"

说话，例如，孩子会说："但是我感觉我不喜欢做作业。"

对于财务问题，你身体里的"父母"会安静地说："你应该多存些钱。"但是你身体里的"孩子"却回答："但是我真的感觉很想度假。我将用我的信用卡度假。"

你何时成为成年人

在从左侧象限移向右侧象限的过程中，我们需要成为成年人，我们都需要在财务方面成熟起来。我们需要用成年人而不是父母或孩子的眼光看待金钱、工作和投资。成为一个成年人就意味着你知道你必须做什么并且去做，即使你可能感觉并不喜欢做这件事。

内心的对白

对于试图从一个象限跨向另一个象限的人来说，这个过程的一个重要部分就是要注意到你内心的对白。要始终记住《思考致富》这本书的重要性。这个过程的一个深远意义是时刻警惕你沉默的思想和你内心的对话，并且始终记住，在一个象限中有道理的事情在另一个象限中或许根本没有意义。从工作安全或财务安全到财务自由的过程是一个主要改变你的思想的过程，是一个你尽最大努力了解哪些思想是基于情感、哪些思想是基于理智的过程。如果你能控制你的情感并努力朝理智的方向发展，那么你就很有可能完成这次旅行。无论外面的人对你说什么，你都要明白，最重要的交谈是你自己与自己的交谈。

在我和我妻子暂时无家可归而且财务状况不稳定时，我们的情感失去了控制。很多次，听起来理智的事情实际上纯粹是情感的交谈。我们的情感说着朋友们说过的相同的话："安全行事。只需要找一份安稳有保障的工作，就可以享受生活。"

然而，在理智上，我们都承认自由比安全对于我们来说更有意义。在追求财务自由的过程中，我们知道我们能找到工作安全无法给予的安全感，这对于我们意义更大。在我们的旅程中，唯一的问题就是我们的思想受情感驱动，听起来很有道理的思想，长远来看却没有任何意义。幸好一旦我们征服了它，旧思想就会停止尖叫，我们渴望的新思想则成为了现实——B象限和I象限的思想。

今天，我能理解一个人说这样的话时的情感：

"我不能冒险，要考虑整个家庭，必须找份安全的工作。"

或者"挣钱首先要花钱，因此我不能投资"。

或者"我要自己做"。

我能理解他们的想法，因为我自己也曾经有过这样的想法。但是因为我观察了象限的另一侧并获得了来自B象限和I象限的财务自由，我能充满信心地说，拥有财务自由是一种更为平和与安全的生活方式。

E和B之间的差别

核心情感价值观的不同会导致观点的不同。企业主与雇员之间的意见相悖通常是由情感价值观的不同引起的。E和B之间总是存在着争执，因为前者想要更多的工资，而后者则想要更多的工作。因此我们经常听到："我加班加点地工作，却没有付我足够的工资。"

另一方面我们又经常听到:"我要怎么做才能激励员工们工作地更努力,更忠诚,而且不用给他们加工资呢?"

B 和 I 之间的差别

另一种常见的紧张关系存在于同一企业的经营者和投资人即 B 和 I 之间。企业投资人通常被称做股东。前者想要更多的钱用于经营,后者则想要更多的分红。

股东会议上的谈话可能会是这样的:

公司经理:"我们需要一架私人飞机,这样我们的管理人员就能够更迅速地去全球各地开会。"

投资人:"我们需要更少的管理人员。并且,我们不需要私人飞机。"

S 和 B 之间的差别

在商业交易中,我经常看到聪明的 S,例如律师,帮 B——企业主做成了一笔几百万美元的交易。当交易结束时,S 的心情可能会变得烦躁不安,因为 B 挣到了几百万,而 S 只得到了按小时计的工资。

他们的对话可能是这样的:

S:"我们做了所有的工作,他却挣了所有的钱。"

B:"这些家伙要了我们多少小时的工资?我们几乎能用给他们的报酬买下整个律师事务所了。"

E 和 I 之间的差别

另一个例子是一位银行家给一位投资者提供贷款，以便购买一项不动产。投资者挣到几十万美元，而且不用纳税，而银行家只得到一张工资单，还要纳很高的税。这是 E 和 I 之间的交易的一个例子，它通常会引起温和的情感反应。

E 会说："我给那个家伙贷款，他甚至连句'谢谢'都没说。他根本不知道我工作得有多辛苦。"

I 可能会说："天啊，这些家伙太挑剔了。看看这些我们不得不做的没用的文件，其实只是为了得到那么可怜的一点儿贷款。"

受情感困扰的婚姻

我见到过的最严重的受情感困扰的婚姻是这样一对夫妇，妻子是一位标准的 E，相信工作安全和财务安全。相反，丈夫戏称自己是一位得意的 I。他认为自己是未来的沃伦·巴菲特，但实际上他是只一个 S，一个只拿佣金的职业销售员。而且，说得更确切一点，他实际上是一个长期投机者。他总是在寻找能使自己"快速致富"的投资。他总是关心各种新股票的报价，以及那些承诺能带来高回报的海外投资计划，或者是一项能获得期权的不动产交易。这对夫妇仍然在一起，这让我有点费解，不过两个人都把对方看成是傻瓜。一个热衷冒险；另一个憎恶风险。不同的象限，不同的核心价值观。

如果你已经结婚或者正处在情侣关系中

如果你已经结婚或者正处在情侣关系中，请圈出你获取主要收入的象限，然后画出你的配偶或者恋人获取主要收入的象限。

我让你这样做的原因是，如果一方不知道另一方来自哪个象限，那么双方之间的交谈通常会变得很困难。

有钱人与有学问的人之间的冲突

我注意到，还有一个无须言明的战场，这就是有学问的人和有钱人之间的冲突。

在我研究不同象限之间的差别的几年里，我经常听到银行经理、律师、会计师之类的人无力地抱怨，说他们是有学问的人，但是通常是所谓的没有学问的人赚"大钱"。这就是我所说的有学问的人和有钱人之间的冲突，更是左侧象限的人和右侧象限的人之间的冲突——或者是 E-S 与 B-I 之间的冲突。B 和 I 象限的人并非没有学问，事实上这两个象限的很多人都非常有学问，只是很多 B 和 I 在学校时并不是成绩优异的学生——并且没有在研究生院里被培养成律师、会计师和 MBA。

读过我的《富爸爸穷爸爸》一书的人都会知道，这本书讲的就是有学问的人和有钱人之间的冲突。我的有学问的穷爸爸非常骄傲，他在名牌大学如斯坦福大学和芝加哥大学里做过多年的学术研究，而我的富爸爸则在他的父亲去世时，不得不辍学去经营他父亲留下的企业——所以他没能读完中学，但他现在却拥有巨额财富。

当我渐渐长大，并且看起来更受我的富有但是"没有学问"的爸爸的影响时，我的有学问的爸爸突然捍卫起自己在生活中的地位来。我 16 岁时，有一天，我的有学问的爸爸不假思索地问：

"我有名牌大学的学位，你朋友的父亲有什么？"

我停了一下，答道："钱和自由的时间。"

不只是思想上的改变

如前所述，要想在 B 或 I 象限获得成功不只需要学术或技术知识，它通常还需要基本的情感思维、感情、信念和态度的转变。要记住：

成为 - 做 - 拥有

富人所做的事情相当简单，只是"成为"的部分与一般人不同。这种不同存在于他们的思想，更具体地说，存在于他们内心与自己的对话中。因此我的富爸爸不许我说：

"我买不起。"

"我做不到。"

"做事要稳妥。"

"小心别赔钱。"

"如果我失败了并且再也翻不了身，该怎么办？"

他不许我说这些话，是因为他坚信语言是人类最有影响力的工具，一个人所说的和所想的会变为现实。

他经常引用《圣经》里的话，尽管他并不是那么热衷于宗教："语言会变成血肉，留在我们的身体里。"

富爸爸坚信，我们对自己所说的话最终会变成现实。因此，我怀疑，对于那些为钱挣扎的人们来说，通常是他们的情感在讲话，同时他们的情感也控制着他们的生活。这些话语包括：

"我永远也不会富有。"

"那主意行不通。"

"这对我来说太贵了。"

如果这些是受情感驱动的思想，那么这些思想就是有影响力的。幸好思想可以通过交新朋友、接受新思想和一点时间来改变。

不能克服对赔钱的恐惧的人最好不要投资，他们最好是把这项工作交给专业人员并且别去干涉人家的工作。

有趣的是，我遇到过许多专业人员，他们在用别人的钱投资时，就能无所畏惧并经常能赚到钱。但是当他们用自己的钱投资时，对赔钱的恐惧就会变得非常强烈，而最终赔了钱。原因是，当他们用自己的钱投资时，他们是用情感而不是用理智来思考。

我也遇到过一些人，他们用自己的钱投资，并且经常获胜，但是当别人委托他们代为投资时，他们却失去了往日的冷静。

挣钱和赔钱是一个情感问题，因此，我的富爸爸向我传授了处理这些情感的方法。富爸爸总是说："要想做一个成功的投资者或企业主，你必须在情感上对赚钱和赔钱漠不关心，赚钱和赔钱只是游戏的一部分。"

辞掉安稳的工作

我的好朋友迈克有一个属于他的系统，这是他的父亲也就是我的富爸爸创建的。我没有那样的好运气，我知道，某一天我将不得不离开舒适又安全的巢，开始构建属于我自己的家。

1978 年，我辞去了施乐公司的安稳的全职工作，向前迈出了没有任何保障的艰难的一步，我头脑中的恐惧和怀疑非常强烈。当我在辞职信上签名，收起最后一份工资走出办公室时，我几乎因恐惧而瘫倒在地。我的内心经历了一场足以令我毁灭的思想和情感的斗争。我大声地"斥责"自己的软弱，并确信自己听不到任何其他声音。这是一种好办法，因为有太多的曾和我一起工作过的人在说："他会回来的，他永远不会成功。"

问题是，我也在对自己说着同样的话。这些带着自我怀疑情感的话语在我心头萦绕了多年，直到我和我妻子在 B 象限和 I 象限获得成功。今天，我仍然听到这些话，只是它们对我的影响已经小多了。我在忍受自我怀疑的过程中，学会了使用一些不同的自我鼓励的话语，例如：

"保持冷静、头脑清醒、思想开放、继续前进、向前辈请教、信任、对更高的但有利于自己的需求保持信心。"

我学会使用这些自我鼓励的话，即使在我内心存在着恐惧和担心的时刻。

我知道，我的第一次行动几乎不可能成功。然而，积极的情感，如信任、信心、勇气和友情推动着我前进。我知道必须冒险，也知道冒险有可能导致犯错，然而通过犯错能获得智慧和知识，而这两者正是我所缺乏的。对我来说，失败会让恐惧取胜，因此我宁愿没有任何保障地向前奋斗。富爸爸向我灌输了这种思想："失败是成功过程中不可或缺的一部分。"

内心的旅程

从一个象限到另一个象限的转变过程其实是一次内心的旅程。这是从一套基本信仰和技能转变到一套新的基本信仰和技能的过程。这个过程很像学骑自行车，起初你一次次地摔倒，这让你感到受挫和困窘，尤其是当你的朋友们看着你的时候。但是一段时间之后，你就不再摔跤，骑车变得顺利而自如起来。即使你再次摔倒，你也不会在意，因为你现在知道你能站起来再接着骑。从工作安全的情感思维方式转变到财务自由的情感思维方式的过程与此相同。当我和我妻子进行这种转变时，我们很少担心失败，因为我们相信自己有能力站起来。

对我个人而言，有两句话鼓励着我不断前进。一句是在我就要放弃、打算回头时富爸爸对我说的："你任何时候可以停下来……可为什么一定要现在停呢？"

这句话让我保持精神振奋，心情平静。它提醒我，我正在半道上——那为什么要回头呢，回家的路程已经变得跟前往另一个象限的路程一样远了。这就好像哥伦布在穿越大西洋的中途放弃，调头返回。两条路中的任何一条，都要走同样的距离。

还有一个警告：智慧也在于知道何时应该停止。我总是遇到这样的人，他们如此固执，坚持推行根本不可能成功的计划。知道何时停止或者何时继续是一个古老的问题，任何冒风险的人都面临着这个问题。解决"继续还是放弃"这个问题的一个办法是，找一位已经成功地完成转变的人做导师，征求他们的意见。一个已经处在另一侧象限的人能够很好地引导你，但是，要小心那些仅从书本上获得决策经验并靠讲授这些经验挣钱的人的建议。

另一段让我不断前进的话是：

"伟人经常犯错误，经常要摔倒，但虫子不会。因为，它们做的事情就是挖洞和爬行。"

这么多人为钱挣扎的主要原因不是他们缺少良好的教育，也不是因为他们没有努力工作，而是因为他们害怕失败。如果对失败的恐惧阻止了他们，那么他们已经失败了。

失败者错过了胜利的机会而保留了失败的机会

对"成为"失败者的恐惧影响着人们以奇怪的方式"做"事。我看到有些人用 20 美元买了一只股票，并在它升到 30 美元时卖出，因为他们担心已经赚到的钱有可能失去。于是，他们只能眼睁睁地看着股票升到 100 美元，拆股，然后再次升到 100 美元。

还是这个人，用 20 美元购进一只股票，看着它跌到 3 美元还继续握在手里，寄希望于股价反弹——他们可能持有这只 3 美元的股票长达 20 年。这是一个"成为"如此害怕失败，或者害怕承认失败，并最终失败的人的例子。

胜利者过滤掉失败的机会保留胜利的机会

胜利者"做"事的方式与此完全相反。通常，当他们认识到自己处于不利的地位时，比如说，当股票价格开始下跌而不是上升时，他们会立即抛出并接受损失。这类人不会羞于承认他们蒙受了损失，因为一个胜利者知道失败是获胜过程的一部分。

一旦发现一个获胜的机会，他们将尽可能地抓住这个机会。当他们认识到免费的机会结束了，价格已经达到高峰时，就会停下来并售出股票。

要成为一名伟大的投资者，关键是要对得失淡然处之。这样，当你思考问题时，就不会受情感的驱动，如恐惧和贪婪，来支配你的行动。

在生活中，失败者做着相同的事情

在现实生活中害怕失败的人做着相同的事情。我们都认识这样的人：

1. 那些维持不再有爱的婚姻的人们。
2. 那些在没有前途的岗位上坚持的人们。
3. 那些保留他们永远不会使用的旧衣服和旧物件的人们。
4. 那些待在对他们来说没有任何前途可言的城市中的人们。

5.那些与阻碍他们前进的朋友交往的人们。

情商是可以控制的

财商与情商联系紧密。我认为，大多数遭受财务痛苦的人是因为他们的情感控制着他们的思想。作为人类，我们都有相同的情感。决定我们在生活中"做"不同的事情和"拥有"不同的东西的主要原因，是我们对待这些情感的方式。

例如，恐惧感能使一些人成为懦夫，然而同样的恐惧感却可以使另一些人变得勇敢。不幸的是，在金钱方面，我们社会中的大多数人被认定为财务方面的懦夫。当对赔钱的恐惧上升时，大多数人的脑海里会自动地响起这样一些话：

1. "安全"，而不是"自由"。
2. "避开风险"，而不是"学会驾驭风险"。
3. "稳妥地做事"，而不是"聪明地做事"。
4. "我买不起"，而不是"我怎样才能买得起"。
5. "太贵了"，而不是"长期看，它值多少钱呢"。
6. "多元化"，而不是"集中化"。
7. "我的朋友们会怎么想"，而不是"我怎么想"。

驾驭风险的智慧

驾驭风险是一门科学，尤其是驾驭财务风险。亚历山大·埃尔德博士写的《以交易为生》是我读过的讲解金钱和风险控制方面的最好的书之一。

虽然这本书是为进行股票和期权交易的专业人员写的，但是其中关于风险和风险管理的智慧适用于关于金钱、金钱管理、个人心理学和投资学的所有领域。很多成功的 B 不总是成功的 I 的原因就是，他们没有完全了解纯货币风险背后的心理学。虽然 B 了解有关企业系统和人员的风险，但是，他们的这种知识不总是适用于钱生钱的系统。

情感多于技巧

总之，从左侧象限移到右侧象限的过程是情感多于技巧的过程。如果人们不能控制他们的情感，我就不建议开始这段旅程。

右侧象限的事情在左侧象限的人看来风险这么大的原因是，恐惧感通常影响着他们的思维。左侧象限的人认为"安全行事"是一种理智的想法，但它其实不是。事实上，它是使人们待在一个或另一个象限的受情感支配的想法。

右侧象限的人"做"的事情并不是那么困难。我可以诚实地说，要做到以低价买进 4 幢绿房子，等到市场状况改善时再卖掉它们，然后买一家红酒店并不是一件难事。

对于右侧象限的人来说，生活其实就是一场"大富翁"游戏。当然，存在着得与失，但这只是游戏的一部分。得与失也是生活的一部分。要在右侧象限获得成功就是要"成为"一个热爱这种游戏的人。泰格·伍兹赔的钱比赚的还多，但是他仍然热爱这种游戏。唐纳德·川普破产了，但是又东山再起，他没有因为赔钱而放弃，失败使他变得更聪明和更果断。很多有钱人在他们富有之前都经历过破产，这只是游戏的一部分。

如果一个人的情感在替他们自己思考，那么通常会蒙蔽他们的眼睛使他们看不见其他任何事情。正是这些条件反射般的思想感情使人们作出反应，而不是进行思考。正是这些无法达成一致的情感和观念，引发了不同象限的人们的争论。也正是这种情感反应使人们看不到在右侧象限做事有多容易，而且往往是零风险的。如果一个人不能控制他的思想感情（事实上有很多人都不能），那么他就不应该尝试这种转变。

我鼓励所有想实现这种转变的人，要确保拥有长期积极支持你、陪伴你的人，以及一位处在另一侧象限的引导你的导师。对于我来说，我和我妻子经历的奋斗是值得的。对我们来说，从左侧象限迈向右侧象限最重要的事情不是我们必须"做"什么，而是我们在这个过程中要"成为"怎样的人。于我而言，这是无价的。

第9章
做银行，而不是银行经理

我已经讨论了"成为－做－拥有"这个公式中的"成为"部分，因为如果你没有正确的思维方式和态度，那么你就不能为今天我们面临的巨大经济变化做好准备。通过"成为"拥有右侧象限的技能和思维方式的人，你就能做好准备识别这些变化带来的机会，并准备好去"做"能使你"拥有"财务成功的事情。

我记得富爸爸在 1986 年末给我打的一个电话：

"你在做房地产市场还是股票市场？"他问。

"都不是，"我回答说，"我把一切都投资在构建我自己的企业上。"

"很好，"他说，"不要进入任何市场，继续建立你的企业。有大事要发生。"

那年，美国国会通过了 1986 年《税制改革法案》。在那充满动荡的 43 天里，国会堵住了很多隐藏人们收入的税收漏洞。那些用财产收入的"正损失"进行税收减免的人突然间必须承担起这些损失，因为政府取消了税收减免。整个美国，房产的价格开始下滑，有些价格甚至下跌了 70% 之多。一夜之间，房产的价格远远低于了人们的抵押贷款数额。恐慌笼罩着整个金融市场，银行、储蓄和贷款也开始动荡，很多甚至陷于停顿，人们不能从银行中取出他们的钱。接着华尔街在 1987 年 10 月发生狂跌，世界陷入了金融危机。

事实上，1986 年《税制改革法案》填补的许多税收漏洞，正是左侧象限高收入的 E 和 S 所使用的。他们很多人投资于房地产或者有限合伙制公司以便利用这些损失抵消来自 E 象限和（或）S 象限的收入。然而当这场金融风暴和经济衰退试图影响到右侧象限，即 B 象限和 I 象限的人时，他们的合理避税机制却仍然在继续发挥作用。

在这个时期，E 学会了一个新词语，就是"减员增效"。他们很快意识到，当一家公司宣布大规模裁员时，这家公司的股票价格就会上涨。可是，大部分人不知道原因何在。很多 S 也在挣扎着应付这场经济衰退，因为他们的生意在减少，保险费却在上涨，并且不断地在房地产和股票市场上赔钱。因此，我认为 1986 年《税制改革法案》的一个直接结果是，处在左侧象限的人受到了伤害，并承担了最为严重的财务损失。

财富的转移

当左侧象限的人正在遭受痛苦时，B 象限和 I 象限的人却在变富，因为政府正在把钱从左侧转向右侧。

通过税法改革，那些试图以"购买房地产然后赔钱"的方式进行投资以达到税收减免目的的"税收诡计"被革除。很多高薪雇员或者专业人员，如医生、律师、会计师和小企业主之前都是这么做的。他们有如此多的应税收入，以至于他们的顾问告诉他们应该去买房地产来花掉一些钱，然后再用多余的钱投资于股票市场。当政府通过《税制改革法案》填补了这个税收漏洞后，一场最大规模的财富转移发生了。我认为，很多财富都从E象限和S象限被拿到了B象限和I象限。

当储蓄和贷款被发行不良的贷款机构变为坏账时，几十亿美元的存款将面临风险。这笔钱必须偿还，但是由谁来偿还这笔几十亿美元的储蓄和房地产损失呢？当然是纳税人，是那些已经深受伤害的人。由于这次税法变更，纳税人与几十亿美元的账单联系在了一起。

你们有些人可能还记得一个叫做资产重组信托公司的政府代理机构，简称RTC，这是一个众所周知的名称。RTC负责把丧失抵押物赎回权的房子从房地产危机中分离出来，然后交给知道如何处理它们的人。对于我和我的许多朋友来说，这就像是来自财富天堂的福音。

你还记得吗？钱，是要用头脑来观察的——而不仅仅是用眼睛看。在这个时期，人们情绪高涨，但是视力模糊，他们只能看到被训练看到的东西。于是左侧象限的人身上发生了3件事：

1. 恐慌遍及各处。 当情绪高涨时，财商通常就会消失。人们如此关心自己的工作、不断贬值的财产、股票市场的下跌和商业的普遍降温，这使得他们看不到近在眼前的大量机会，他们的思想感情使他们丧失视力。大多数人不是扫除障碍，向前迈进，而是钻进洞里，躲藏起来。

2. 他们缺少右侧象限所需的技能。 就像一位医生需要通过几年的学校学习和实际工作才能获得技能一样，B 象限和 I 象限的人也需要拥有高度专业化的技能。这些技能包括财务学，它可以让人们了解专业词汇、重新分配债务、安排报价、了解市场、筹集资本，以及掌握可以学到的其他技能。

当 RTC 说"我们有一家银行正在出售，它的财产价值过去是 2000 万美元——但是现在你可以用 400 万美元买到它"时，左侧象限的大部分人不知道如何筹集 400 万美元去购买这个来自财富天堂的礼物，或者如何识别好交易与坏交易。

3. 他们缺少现金机器。大部分人不得不更加努力地工作以求生存。作为 B，我可以不用耗费什么体力就使我的企业扩张。到 1990 年时，我的企业运营良好，并且不断成长。在这段时间里，我的企业从一家新创办企业成长为世界范围内有 11 家分公司的集团公司。公司扩展得越大，我需要付出的体力劳动就越少，而挣到的钱却越多，因为我的系统和系统中的人都在努力工作。我和我妻子有了多余的钱和自由时间，可以花很多时间留心交易——而且的确存在很多交易。

这是最好还是最差的时期

俗话说："生活中发生什么事不要紧，关键是人们赋予这件事何种意义。"

1986 年到 1996 年的这段时期，是一些人一生中最糟糕的时期，而对于另一些人来说，却是最美好的时期。当我在 1986 年接到富爸爸的那个电话时，我知道这次经济变动给我提供了多么美妙的机会。虽然那时我没有多少额外的现金，但是我通过使用我的 B 和 I 的技能，拥有了很多的资产。在本章末尾，我将详细描述我是如何获取这些使我达到财务自由的资产的。

成功且幸福生活的诀窍之一是要有足够的灵活性，从而能正确地应对生活中发生的各种变化，即能够作出准确反应，并把所有事情转化成好事。遗憾的是，大部分人不具备应对已发生和将要发生的突发经济变动的能力。有一件事情是人类的一件幸事：人们通常都很乐观，并且健忘。10 ~ 12 年以后，人们都会忘记——而那时事情又会发生新的变化。

历史重演

今天，人们已或多或少都忘记了 1986 年的《税制改革法案》。E 和 S 正在比以前更加努力地工作。为什么呢？因为他们的税收漏洞不存在了。他们更加努力地工作弥补他们的损失，经济改善了，收入提高了。于是他们的税务会计师又开始低声地说那些老套的充满智慧的话：

"去买一个更大的房子吧，债务利息是你最好的税收减免方式。此外，你的房子是一项资产，它应该是你最大的投资。"

所以，他们找寻"每月轻松支付"，然后卷入更深的债务之中。

住房市场开始繁荣，因为人们有了更多的可支配收入，并且利率很低。人们都在买更大的房子，情绪高涨，并且开始把钱投入股票市场，因为他们都想快速致富，已经认识到需要为退休而投资了。

而在我看来，巨大的财富转移将再次发生。也许今年不会发生，但是肯定会发生，只不过不可能再以完全相同的方式发生而已。因此富爸爸让我阅读有关经济史方面的书，经济学在改变，历史却总在重复，只是没有以相同的状况重复而已。

钱继续从左侧象限流向右侧象限。这一点从未改变。许多人负债累累，却还把钱投进已经过了历史最高点的股票市场。就在左侧象限的谨慎的人终于克服恐惧进入市场时，右侧象限的人却已经要在市场最高点抛售了。有新闻价值的事件将会发生，市场将会崩溃，而当一切尘埃落定时，投资者会再次涌入，买回他们刚刚出售的东西。我们将再一次看到另一笔巨大的财富从左侧象限转移到右侧象限。

至少需要又一个 12 年才能医治那些赔钱的人情感上的创伤，不过，那些伤口或许会在另一个市场接近高峰时愈合。

到那时，人们就会引用纽约扬基棒球队队员约吉·贝拉的话："一切将重新开始。"

这是一个阴谋？

我经常听到人们，尤其是左侧象限的人说，几个控制银行的巨富家族共同操纵着某种全球性的阴谋。这些金融阴谋理论已经风行多年。

真的有什么阴谋吗？我不知道。可能存在阴谋吗？一切皆有可能。我知道一些有权有势的家族的确控制着大笔大笔的钱，但一个集团能控制世界吗？我不这样认为。

我认为这种观点的产生或多或少反映了具有不同思维方式的某一侧象限的人群与另一侧象限的人群之间的对立。他们都参与了这场大规模的金钱游戏，但是处在不同象限的人，从不同的视点、运用不同的规则参与着这场游戏。

问题是，左侧象限的人看不到右侧象限的人正在做什么，但是，右侧象限的人却清楚地知道左侧象限的人正在做什么。

捉拿巫师

左侧象限的很多人不是去查明右侧象限的人知道哪些他们不知道的东西，而是一心去捉拿巫师。几个世纪以前，每当社会发生了一场瘟疫或者某种灾难时，全城的人都会去捉拿巫师，因为他们需要一个人为他们的困境接受惩罚。直到科学家发明了显微镜，使人们看到了肉眼看不到的东西——细菌。而在此之前，人们把自己的疾病怪罪于他人，试图用把巫师绑在柱子上烧死的方法来解决问题，因为他们不知道大部分疾病是由于生活在垃圾和污水未经处理的城市环境中产生的——根本不是什么所谓的"巫师"引起的。

然而今天，捉拿巫师的行动仍在进行着。很多人都在为自己的财务困境寻找应该怪罪的巫师。这些人通常想把他们的个人财务问题归罪于富人，却没有发现，缺乏金钱知识才是造成他们的苦难的一个根本原因。

英雄变成了恶棍

每隔几年都会有一位新的财务专家出现，并且似乎掌握了一种新的神奇的致富方式。20世纪70年代末，正当亨特兄弟试图操纵白银市场时，世界却在为他们的天才鼓掌喝彩。一夜之间，他们又被当做罪犯受到搜捕，因为如此多的人在听从了他们的建议之后赔了钱。20世纪80年代末的垃圾债券之王麦克尔·米尔肯，某天，他还是一位金融奇才，而就在金融风暴后，他受到了追捕并被关进了监狱。主人公发生了改变，而历史却在重演。

今天，我们又有了许多新的投资奇才。他们频频在电视上出现，名字印在报纸头条，他们是新的名人。他们当中有时任美国联邦储备委员会主席艾伦·格林斯潘。今天，他几乎是一个神，人们认为他创造了我们如此繁荣的经济。沃伦·巴菲特也被吹捧成一个类似于神的人物。不论他购入什么，每个人都会跟进购买；而当他卖出时，价格就会狂跌。比尔·盖茨也受到过同样密切的关注，似乎钱总跟着他转。如果近期存在较大的市场调整，那么今天的英雄是否会成为明天被憎恨的人呢？只有时间能告诉我们。

在每一个经济"上升"期，都会有英雄出世，而在每一个经济"下降"时期，也都会有"恶棍"出现。回顾历史，我们发现，"英雄"与"恶棍"经常是同一个人。人们总是需要为自己的财务损失找一个巫师并烧死他，或者找出用来责备的所谓的阴谋家。历史还将重演，巨大的财富转移将再次发生。那么当它发生时，你会站在这种转移的哪一侧？左侧还是右侧？

我认为，人们只是没有认识到，他们正处在这个巨大的全球游戏之中——一个真正的空中俱乐部，也没有人告诉他们，他们是这场游戏中重要的一员。游戏的名字叫"谁欠谁的债"。

做银行——而不是银行经理

在我 25 岁时，我明白了，游戏的结果是要成为银行，而不是找份工作去当个银行经理。此刻我的高级财务教程开始了，就在这个时期，我的富爸爸让我了解了一些词汇，如"抵押贷款""房地产"和"金融"。我开始训练用我的大脑去看我的眼睛无法看到的东西。

富爸爸鼓励我学习、理解这种游戏，因为在学会这种游戏之后，我就能够用我发现的东西去做我想做的事情。我决定跟所有对此有兴趣的人分享我的知识。

他还让我读资本主义世界中一些重要人物的书。这些人包括约翰·戴维斯·洛克菲勒、J·P·摩根、亨利·福特。我读过的最重要的书之一是罗伯特·希尔布朗纳写的《世故的哲学家》。对于那些想在 B 象限和 I 象限进行操作的人来说，这本书很有必要一读，因为这本书从亚当·斯密——《国富论》的作者开始，追溯了历史上所有的经济学家，探求这些最重要的经济学家的思想让人陶醉。这本书回顾了这些人的简短历史，阐述了现代资本主义的发展过程。我认为，如果你想成为右侧象限的佼佼者，拥有理解历史和未来的经济历史观是非常重要的。

读完《世故的哲学家》之后，我建议你们读一读保罗·赞恩·皮尔泽的《点石成金》、詹姆斯·戴尔·戴维森的《最重要的人物》、罗伯特·普莱克特的《熊市浪潮》和哈利·丹特的《荣景可期》。希尔布朗纳的书使我们从经济学的角度了解了我们的过去，其他作者的书则使我们认识到我们正在走向何方。他们这些互为对照的观点，让我看到了眼睛看不到的东西——未来。通过读这些书，我已经能够洞悉经济周期的上下波动和发展趋势。所有这些书的一个共同主题是———一场巨大的经济变动就要发生了。

如何操作银行

在 1986 年《税制改革法案》之后，存在着很多的机会，房地产、股票和企业都可以用低价获得。对于左侧象限的人来说，这是悲惨的时刻，然而对于我来说却是妙不可言，因为我可以利用 B 象限和 I 象限的技能去抓住身边的机会。我没有贪婪地去追寻每一笔看起来很好的交易，而是决定专注于房地产市场。

为什么选择房地产呢？有 5 个简单的原因：

1. 价格　房地产价格如此之低，以至于抵押贷款的支付款比市场上大多数资产的租金还要低得多。这些财产有着巨大的经济意义——没有什么风险。这就像商店里的大减价一样，每件商品都打 5 折。

2. 融资　银行会给我的房地产提供贷款，而不会给我的股票提供贷款。在市场萧条时，我想买进尽可能多的东西，因此我购买房地产以便我的现金能与银行的融资相结合。

例如：我现在有 1 万美元的储蓄可以进行投资。如果我买股票，当然，我能够买到价值 1 万美元的股票。我也能够进行借贷（当你用保证金进行买空时，你可以只花总成本的一小部分，其余部分由经纪公司借给你），但是我没有足够的财力去抵抗市场下滑的风险。

而用 1 万美元投资房地产，则可获得 90% 的贷款，我最终可以买到 10 万美元的财产。

如果两个市场都上升 10%，在股票市场上我会赚到 1000 美元，而在房地产市场上我却能赚到 1 万美元。

3. 税收　如果我用股票赚了 100 万美元，我要对这 100 万支付将近 30% 的资本收益税。但是，如果我用房地产赚这 100 万，就可以把税收转移到下一笔房地产交易中。此外，我还能够通过财产折旧获得更大的税收好处。

重要的是，一项投资必须在我获得税收优惠之前产生经济意义，我才会投资。任何的税收优惠只会使投资更具吸引力。

4. 现金流　虽然房地产价格下降，租金却没有下降。这使我可以赚些钱支付抵押贷款，更重要的是我有"时间"去等市场反弹。租金给了我等待房地产价格再次上升的时间。当价格上涨时，我就能出售这些房地产了。虽然我负债很多，但这永远不会伤害到我，因为租金远远高于贷款成本。

5. 成为银行的机会　不动产使我成了一家银行，这是我从 1974 年起就一直想做的事情。

成为银行，而不是银行经理

在《富爸爸穷爸爸》一书中，我描写了富人如何挣钱，如何扮演银行经理的角色。下面是一个简单的例子，几乎每个人都能理解。

比如说，我发现了一所价值 10 万美元的房子，但我仅用 8 万美元就买下了它（1 万美元的最低首付和 7 万美元的抵押贷款）。

接着我做了一个房屋销售广告，报价是 10 万美元，这是它的估价，并用了一些充满魔力的广告词："降价出售房屋。房主悲痛欲绝。不需银行审批。低首付，每月轻松支付。"

电话铃声响个不停。房子以"租赁购买协议"的方式售出，具体方式取决于你所在的国家。简单地说，就是我接受了 10 万美元的借据，卖了这所房子。这笔交易如下图所示：

我的资产负债表

资产	负债
10万美元借据	7万美元抵押贷款

买方的资产负债表

资产	负债
	10万美元借据

然后，这笔交易在产权转让监督事务所注册，这个机构通常能够帮助双方完成支付过程。如果这个人在这笔 10 万美元的交易中赖账，那么我只需取消合同，把这项财产卖给另一个想要"低首付，每月轻松支付"房子的人就可以了。寻找这种购房条件的人能排成长队。

净收益是我的资产项增加了 3 万美元，为此我收取利息，就像银行从它的贷款中获得利息一样。

我开始成为银行，并且爱这么做。也许你能回忆起在上一章里富爸爸说："你借债时要小心。如果你个人借债，要确保数额很小；如果你借大额债务，要确保有人替你支付。"

用右侧象限的语言说就是我化解了我的风险，我把风险"规避"给了另一个买者。这就是金融世界里的游戏。

这种类型的交易全世界都在进行。然而无论我走到哪里，人们总是走上来并对我说这样一种不可思议的话："在这儿你不能这样做。"

大多数小投资者没有认识到，许多大的商业建筑都是用上面所描述的方式进行买卖的。他们有时通过银行，也有很多时候并不通过银行。

未储蓄的 3 万美元储蓄

在上一章中，我分析了为什么政府不给人们的储蓄提供税收优惠。并且，我怀疑是否是银行请求政府这样做的，因为你的储蓄就是银行的负债。美国的储蓄利息率很低，因为银行不想让你从储蓄中获得好处。因此，下面这个例子为你展示了银行如何不必花大力气就能放大你的储蓄。3 万美元带来的现金流表示如下页图所示。

关于这个图，有几件有趣的事情：

1. 我决定这 3 万美元的利息率是 10%。现在大多数银行的储蓄利率不超过 5%。因此，即使我用自己的 1 万美元做首付（当然这是我尽量不去做的事情），其利息仍要高于银行付给我的利息。

2. 我还创造了以前不存在的 2 万美元（3 万美元收入 −1 万美元首期支付）。这就像银行——创造资产，然后对此收取利息。

损益表

收入
支出

资产负债表

资产	负债
3万美元	

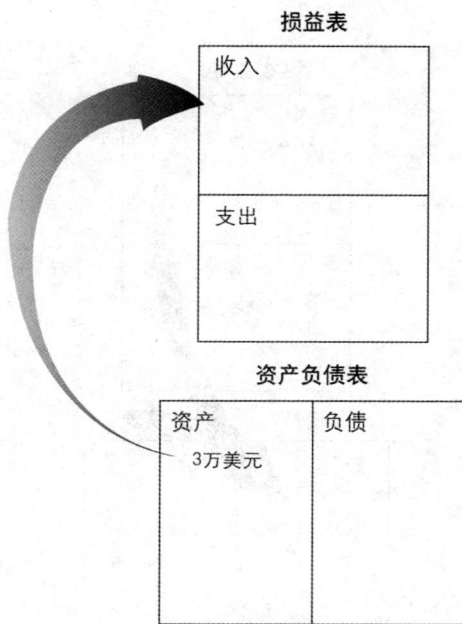

3. 这 2 万美元是免税的。对于 E 象限的一般人来说，几乎要挣 4 万美元的工资才能留下 2 万美元。雇员的收入是五五开，在你见到它之前政府就已经拿走了收入的 50%。

4. 所有的财产税、维修费和管理费现在都由买主支付，因为我把财产卖给了他。

5. 还有更多。在右侧象限，很多创造性的方法被用来从一无所有中创造金钱，只要你扮演的是银行的角色。

像这样的一笔交易总共只会花 1 星期到 1 个月的时间。而对于大多数人，要花多长时间才能挣到 4 万美元，以便在扣除税收和其他有关支出后能够留下 2 万美元的净收入呢？

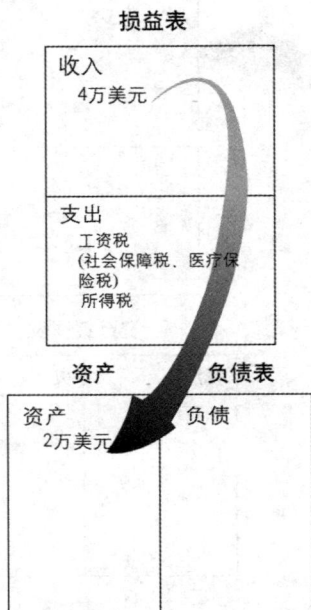

损益表

收入
4万美元

支出
工资税
(社会保障税．医疗保险税)
所得税

资产　　　负债表

资产	负债
2万美元	

收入流被隐藏了起来

在《富爸爸穷爸爸》一书中，我曾简略介绍了富爸爸为何要经营公司：

1. 资产保护。如果你很富有，人们往往倾向于通过法律手段拿走你的东西。这就叫"寻找深口袋的人"。富人的名下通常什么也没有，他们都把资产放到信托银行和公司里寻求保护。

2. 收入保护。通过你自己的公司接受来自资产的现金流，可以避免政府按照惯例从你手中拿走很多收入。

有一个残酷的事实：如果你是一位雇员，就会经历如下过程：

挣钱 - 被征税 - 花钱

作为雇员，你的收入会被征税，甚至是在你拿到工资单之前就已经通过扣除的方式被拿走了。因此如果雇员每年收入 3 万美元，在政府征税完毕后，就只剩下 1.5 万美元。你还必须用这 1.5 万美元支付你的抵押贷款。（但是至少你可以在支付抵押贷款利息时享受税收减免——这也就是银行劝你买更大的房子的原因。）

如果你通过公司实体获得现金流的话，这个过程就会变成下面这样：

挣钱 - 花钱 - 被征税

你最初投资创造的 3 万美元，如果通过公司渠道流入的话，你就能在政府征税前"花掉"很多收入。如果你拥有企业，你就可以制定规则——只要它不违反税法。

例如，如果你制定规则，你就可以在公司的规章制度里写上：儿童抚养费是雇员收入的一部分。公司会用税前收入支付每月 400 美元的儿童抚养费。如果你用税后收入支付，你必须挣到将近 800 美元才付得出相同的儿童抚养费。这种规定是长期的，而且是具体的，企业主通过这种方式可以抵消一些雇员无法抵消的费用，甚至某些旅行费也可以用税前收入来抵消，只要你能证明自己在旅行中进行了商业活动（例如召开董事会议）。退休计划对于企业主和雇员来说在很多情况下也是不同的。但我想强调的是，你必须遵守使这些费用能得到抵减的规章制度，根据税法合理避税是可行的，但是我不建议你触犯法律。

我要重申的是，能利用这些规定的关键是你的收入来自哪个象限。如果你的收入是作为公司雇员挣来的，并且这家公司不由你拥有或控制，那么除非违法，否则没有什么收入或资产保护措施是你可以利用的。

因此，我建议，如果你是一名雇员，请继续你的工作。但你要开始在 B 象限或 I 象限花些时间，你的快速通向自由的道路必须要经过这两个象限。想感受到更多财务安全，秘密是在不止一个象限中进行操作。

自由之地

几年前，我和我妻子想购买一处地产以远离令人发疯的人群。我们急切地想要购买一块有高大橡树和一条小溪围绕在侧的土地，想拥有私人空间。

我们发现了一块地，面积为 8 万多平方米，价格是 7.5 万美元。卖主愿意接受 10% 的首付和 10% 的利率。应该说这是一个公平的交易，问题是这桩买卖违反了富爸爸教给我的债务规则，即："你借债时要小心。如果你个人借债，要确保数额很小；如果你借大额债务，要确保有人替你支付。"

我和我妻子放弃了这块价格为 7.5 万美元的土地，继续寻找更合适的机会。对我们而言，7.5 万美元意味着庞大的债务，因为当时我们的现金流如下页图所示：

損益表

收入
支出 利息

资产负债表

资产	负债 7.5万美元抵押 贷款

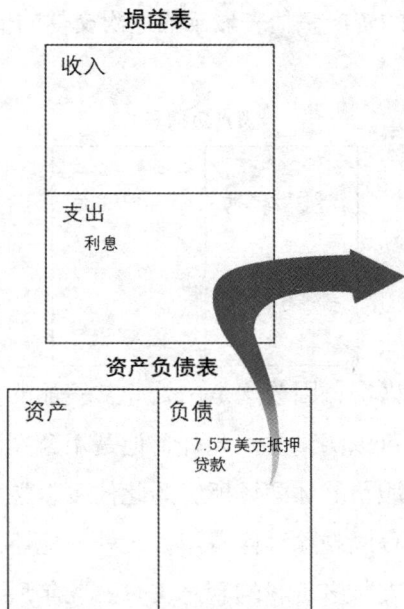

所以我们必须要记住富爸爸的规则：

"如果你负债并且承担风险，那么你应该得到支付。"

但是，如果我接受了这次交易，那么在这次交易中，我不仅要借债和承担风险，还要为此支付。

大约一个月后，我们发现了一块更美丽的土地。面积约为 35 万平方米，有高大的橡树和一条小溪，还有一所房屋，总要价为 11.5 万美元。我愿付给卖主全价，如果他愿意满足我的条件——而他的确这样做了。为了缩短这个漫长的过程，我们花了一些钱装修房屋，并把房屋连同 12 万平方米的土地以 21.5 万美元的价格卖了出去，方式依然是"低首付，每月轻松支付"，剩下的 23 万平方米土地则留给了自己。

下面就是我的资产负债表显示的这次交易的情况。

资产负债表

资产	负债
21.5万美元	11.5万美元

新主人非常兴奋，因为这是一处非常美丽的住所，而且他几乎不用交首付就可以买到它。此外，他是用公司的名义购买的，这所房屋被用做职员的休憩场所。为此他可以按购买价对公司资产进行折旧，也可以扣除维修费用。此外，他还能够在税前支付利息，他的利息支付多于我的利息支付。几年后，他出售了一部分公司股票，还清了欠我的贷款，而我，反过来，还清了我欠银行的贷款，还清了我的债务。

用这额外的10万美元利润，我能够支付土地和房屋的财产税。

实际结果是零负债、一些利润（1.5万美元税后利润）和23万平方米美丽的土地。你得到了你想要的东西，同时还获得了收入。

现在，我的资产负债表这样显示这次交易：

资产负债表

资产	负债
23万平方米土地 1.5万美元现金	

首次公开发行

首次公开发行（Initial Public Offering，IPO），即通过发行股票使一家私人公司公众化，也是基于相同的原理。虽然用语、市场和参与者不同，但潜在的基本原理是一样的。当我的机构变成一家上市公司时，我们通常凭空创造了价值。虽然，我们也尽力使它基于公平市场价格的准确评价之上。我们把股票投放到市场上，这种股权不是卖给一个人，而是要卖给成千上万的人，使他们成为公司的股东。

经验的价值

这是我推荐人们在进入 I 象限之前先在 B 象限工作的另一个原因。无论投资房地产、企业、股票还是债券，都需要一种潜在的"综合性"商业意识，这种意识对于成为一名成功的投资者来说是必要的。一些人具有这种综合性意识，但很多人还没有。主要是因为学校把我们培养成高度专业化的人才，而不是综合性的人才。

还有一点，对于那些考虑进入 B 象限或 I 象限的人，我建议开始时要小规模——但是要花点时间。当你的信心和经验有所增加时，再去做更大的交易。记住，8 万美元的交易与 80 万美元的交易之间唯一的区别是一个零。完成小额与完成一个价值几百万美元的交易，过程几乎是完全相同的，只不过后者涉及更多的人、更多的零和更多的乐趣。

一旦一个人有了经验和良好的声誉，他就能花越来越少的钱去做越来越大的投资。很多次，我不用花一分钱就可以挣很多钱。为什么呢？因为经验是可贵的。就像前面说过的那样，如果你知道如何用钱挣钱，那么人们和钱都会涌向你。我的建议是：小规模地开始并利用好自己的时间，记住，经验比金钱更重要。

简单又容易

理论上，右侧象限的数字和交易是非常简单的，无论我们谈论的是股票、债券、房地产还是企业。在财务领域来去自如仅仅意味着能够用不同的方式思考——从不同象限的角度思考并充满勇气地以不同的方式做事。对我而言，一个对这种思维方式还很陌生的人必须经历的最艰难的事情之一就是，会有无数的人对你说"你不能那样做"。

如果你克服了那种思维定式，并遇到一些会对你说"是的，我知道怎样做这件事，而且我很高兴教给你"的人时，你的生活将变得很容易。

法律

本章开头我介绍了 1986 年的《税制改革法案》。虽然这是一次意义深远的规则变更，但是它绝不是最后的一次法规变动。我只是用 1986 年法案举例说明某些规则和法律的巨大影响力。如果一个人想在 B 象限或 I 象限获得成功，那么他就需要了解市场和可以影响市场的所有的法律的变化。

今天，在美国，有10多万页的税法条例，这还只是国税局的部分。联邦法律总共有120多万页的法律条文。一个人需要花2.3万年的时间才能读完整个美国法典。此外，每年还会有更多的法律产生、废除和变更。仅仅跟上这些变化就不只是一份全职工作能做完的。

每当人们对我说"那是违法的"，我只是反问他们是否读过美国法典的每一行。如果他们说"是的"，我就会慢慢离开，退回到门口，因为永远不能相信自认为知道每条法律的人。

要想在右侧象限获得成功，需要5%用眼睛、95%用大脑来观察事物。了解法律和市场对于财务成功至关重要，财富的巨大转移通常发生在法律和市场变化时。因此如果你想让这些变化为你所用而不是针对你，那么小心警惕就是有必要的。

政府需要你的钱

我相信纳税的合理性，我也知道政府提供了很多重要并且不可或缺的服务以便维护一个运作良好的文明社会。遗憾的是，我认为有些时候政府管理不善，机构过于庞大，并且做了太多无法兑现的承诺。当然这不是今天坐在办公室里的政客和制定法律的人的过错，因为我们今天面临的大多数财务问题是60多年前他们的前任造成的。今天制定法律的人正在尽力处理这些问题和寻找解决方法。不幸的是，如果这些人还想待在办公室里，那么他们就不能将事实的真相告诉大众。如果他们讲真话，就会被抛出办公室——因为大众仍然依赖政府来解决财务和医疗问题。但是政府做不到，政府的能力正在变小，问题却越来越大。

同时，政府将不得不征更多的税——即使政客们承诺不会这样做。因此国会通过了 1986 年《税制改革法案》，取消税收漏洞并收取更多的税款。在接下来的几年中，我们的政府不得不开始多征税以兑现多年前的一些承诺。这些承诺包括医疗保险、社会保险、付给几百万联邦工人的联邦津贴等。大众现在可能不会意识到将会发生什么，但是问题的严重性预计将在 2010 年变得清晰。世界将认识到，美国也同样解决不了这些问题。

　　《福布斯》杂志曾刊登过一篇文章评论美国不断增加的债务："如果你留心观察，就会发现，2010 年之前债务会下降，然后又急剧上升，在美国有史以来最大的一群人开始退休时急剧上升。在 2010 年，第一批在婴儿潮时期出生的人已经 65 岁了，他们将开始从股票市场撤回资金，而不是增加股票市场上的资金——如果不是更早的话；到 2010 年，7800 万婴儿潮一代将认为，他们最大的'资产'，即他们的住宅，太大了，因为他们的孩子已经离开家，他们将开始出售他们的大房子，搬到犯罪率较低的美国乡村和小城市中去。"

　　突然间，现行的退休金计划，即美国的 401（k）退休金计划，或者很多中等富裕国家的超级年金基金，将开始缩水。这是因为它们受到了市场波动的影响——这意味着退休金计划将随着市场上下波动。共同基金将开始清偿他们的股票以便支付那些出售协议，因为那些婴儿潮一代需要钱来支付他们的退休生活。这些人还将面对巨额的资本收益税，这些税是在这些共同基金带来的资本收益被取出时依法应当缴纳的。这些收益来自那些被高估之后炒到高价的股票，而这笔钱应该分配给共同基金的成员。但很多人将收到一张或许他们以前从未收到过的资本收益税单，而不是现金。记住，征税人总是先拿到钱。

同时，几百万更为贫穷的婴儿潮一代的健康将开始衰退，因为有史以来穷人的健康状况总是要比富人的差。医疗保险濒临破产，在全美的各个城市中，要求更多政府支持的呼声将会更高。

此外，拥有最大的国民生产总值的中国和欧盟将对美国造成经济压力。我推测工资和产品价格都将被迫下降——而且生产力必须极大提高，才能迎接这两大经济力量的挑战。

所有这些事都将在 2010 年之前发生，而这个日期距离现在已经不再遥远。另一场巨大的财富转移将要发生，不是因为阴谋而是因为无知。我们正处在大政府和大企业的工业时代最后阶段，不管你愿不愿意，我们正在正式步入信息时代。1989 年，柏林墙倒塌了。在我看来，这次事件和 1492 年哥伦布在探索亚洲的过程中发现了美洲大陆一样意义重大。在某些领域里，1492 年是工业时代的正式开端，其结束时间正是 1989 年。规则已经完全改变了。

历史是一位向导

我的富爸爸鼓励我学会玩这种游戏。在我学成之后，我就能用我了解的知识做我想做的事了。然而多年以来，我发现有更多的人需要知道如何在财务方面照顾自己——而不是依靠政府或企业去获得生活方面的保障。正是出于这样一种关注和意识，我开始写作和教书。

我希望我在经济方面的预见是错的。也许政府能够信守诺言照顾人们——通过继续增税让人们继续陷入更深的债务之中；也许股市将一直攀升，永远不再下跌；也许房地产价格将一直上涨，你的房子将成为你最好的投资；也许几百万人将在最低工资中找到幸福，并能为他们的家庭提供美好的生活。也许这些都能发生，但我不这样认为。如果历史是一位向导，这一切将不会发生。

从历史上看，如果人活到 75 岁，那么他将经历两次经济衰退和一次经济萧条。作为在婴儿潮时期出生的人，我们已经经历了两次经济衰退，但是还没有看见那一次萧条。或许不会再有什么经济萧条，但历史不会这么说。富爸爸让我读有关资本家和经济学家的书，就是为了使我能够对我们来自何处和我们将走向何方这些问题有更长远的认识和更好的洞察力。

就像海上有风浪一样，市场上也同样存在着巨浪。与海洋上的风浪受风和太阳的驱动不同，金融市场上的风浪受人类的两种情感驱动：贪婪和恐惧。我不认为经济萧条只是过去的事情，因为我们都是人类，一直具有贪婪和恐惧这两种情感。并且当贪婪和恐惧发生冲突、损失惨重时，随之而来的人类情感就是沮丧。沮丧由人类的两种情感所构成：气愤和悲伤——对自己的气愤和对损失的悲伤。经济萧条也是情感的萧条，人们因为受到损失而变得沮丧。

即使经济总体可能看起来运行良好，但是很多人都处在不同程度的沮丧之中。他们可能有工作，但是他们神情沮丧因为知道自己没有在财务方面走在前列。他们生自己的气，并为失去的时间而伤心。大部分人不知道他们已经受到工业时代思想的束缚："找一份稳定、有保障的工作，不要担心未来。"

巨大的变化和机会

我们正进入充满巨大变化和机遇的时代。对一些人来说，这将是最好的时代，而对另一些人而言，这将是最差的时代。

美国前总统约翰·肯尼迪说："剧烈的变化将要来临。"

肯尼迪来自于 B-I 一侧的象限。他曾不顾一切地试图改善那些陷于时代偏见中的人的生活状况。不幸的是，很多人今天仍然处在这种时代偏见之中，他们的头脑中仍深刻地保留着前辈传下来的观念，例如："去上学吧，你才能找到一份稳定的工作"。我深知在当今时代教育比以前任何时候都重要，但是我们需要教育人们思考更多的东西，而不只是去寻找一份稳定的工作，并期待公司或政府在他们退休时照顾他们。这是工业时代的思想，而我们现在已经不在那个时代了。

没有人说这是公平的，因为这不是一个公平的国家，但这是一个自由的国家。有人希望比别人工作更努力，头脑更聪明，更成功，更有天赋，或者渴望更好的生活。如果我们有决心，就可以自由地追求这些目标。但是每当有人做得更好时，一些人就会说这不公平。这些人认为，只有富人与穷人共同分享，才叫公平。然而，仍然不会有人认为这个结果是公平的，而且我们越是使事情公平，得到的自由就越少。

当人们对我说，存在种族歧视或者无形的壁垒时，我表示赞同。我知道这样的事情的确存在。我个人憎恶任何歧视，作为一个日裔美国人，我自己也受到过歧视。在左侧象限，歧视的确存在，尤其是在公司里。你的外貌、你的学历，你是白人、黑人、棕色人种，还是黄种人，是男人还是女人——所有这些事情在左侧象限都要考虑，但是在右侧象限没有丝毫的意义。右侧象限不关心公平和安全，这里关心的是自由和对这种游戏的热爱。如果你想到右侧象限来，这些人会欢迎你。如果你参与并且获胜，那很好，他们将更加欢迎你，并向你讨教秘诀；如果你参与并且输掉，那么他们会很高兴地拿走你所有的钱，但是不要抱怨或者把你的失败归咎于他人，这不是在右侧象限进行游戏的方式，而且他们也不打算实现公平。公平不是这种游戏的名字。

为什么政府不干预 B-I 象限呢？

事实上，政府并不是不干预 B-I 象限，只是 B-I 象限有更多的途径合理地逃避和隐藏财富。在《富爸爸穷爸爸》一书中，我谈到过公司力量的问题。富人保留更多的财富，一个重要的原因是，他们通过公司而不是个人进行操作。个人需要护照往来于各国之间，而公司不需要，公司可以自由穿梭于世界各地，并且通常能自由地运作。个人需要到政府注册，在美国需要有"绿卡"才能工作，公司则不需要。

虽然政府时刻想从公司实体中拿走更多的钱，但他们认识到，如果他们滥用税法，公司就会把他们的钱和工作岗位都转移到别的国家去。在工业时代，人们谈论"离岸"是指国家，富人在那里寻找能很好对待他们的钱的避税天堂。今天，"离岸"不是指国家，而是指电子空间。概念上的、不可见的货币被隐藏在不可见的事物中，至少不在人眼的视力范围之内。很快，人们将通过在太空中环绕地球的同步卫星进行融资活动——可以不受任何法律的约束，选择在一个其法律更有利于富人的国家中进行运作。

在《富爸爸穷爸爸》一书中我提到，在工业时代初期——也就是哥伦布发现充满财富的新大陆之后，公司变得流行起来。每当富人派船只出海时，就意味着他在冒险，因为如果船回不来，他就要欠死亡海员的家人的钱。他不希望这样，因此通过成立公司来寻求法律保护，并把损失与风险限制在用于投机的资本金额内，而不会超出这个金额。富人用钱冒险，而海员用生命冒险，从那时起这种情况就没有再改变过。

无论我在世界上的哪个地方旅行，与我打交道的人大多都在以这种方式行事——做公司的雇员。理论上，他们一无所有，并且作为一个公民、一个人，他们实际上也一无所有。他们是自己所属的大公司的管理人员，但是作为个人而言，他们一无所有。再有就是，无论我到世界什么地方，总会遇到一些人对我说："在这个国家你不能这样做，这样做犯法。"

大多数人没有认识到，在西方世界里，大多数国家的法律都是相似的。他们可能用不同的语言描述相同的事情，但是原则上法律几乎完全相同。

我建议，如果可能的话，你至少应考虑成为你自己公司的一名雇员，对于高收入的S和B来说，这个建议尤其可行，即使你们拥有特许经营权或者从网络营销中获得收入。去征求高明的财务顾问的建议吧，他们能针对你的特殊情况，帮你选择和实施最好的方案。

两种法律

从表面上看，似乎存在针对富人的法律和针对其他人的法律。但实际上，法律是相同的。唯一的不同是，富人利用法律实现他们的利益，而穷人和中产阶级却没有，这是根本的差别。法律是相同的，是为所有人制定的。我建议你雇一位聪明的法律顾问并遵守法律，合法地挣钱比触犯法律最终锒铛入狱明智得多。此外，你的法律顾问将成为你的预警系统，告诉你即将实施的法律变更，因为当法律变化时财富会发生转移。

两种选择

在自由社会中生活的一个好处就是可以自由选择。依我看，你有两大选择——选择安全和选择自由。如果你选择安全，那么你将以过量的税收和惩罚性利息的形式支付高昂的代价；如果你选择自由，那么你需要学会整个游戏并参与这种游戏，而且你能选择在哪个象限参与游戏。

本书的第一部分定义了现金流象限的具体内容，而第二部分则集中描述了右侧象限的人所具有的思维方式和态度。因此，现在你应该知道自己正处在哪个象限，以及你想去哪个象限。你应该对右侧象限的思考过程和思维方式有一个更好的了解。

我已经向你介绍了从左侧象限移到右侧象限的途径，下面我愿意为你提供更多的细节。在本书的最后部分——第三部分，我将告诉你寻找快速实现财务自由之路的 7 个步骤，我认为这对于转移到右侧象限是非常必要的。

背景注释

1943 年，美国开始通过工薪扣款的方式向所有工作的美国人征税。换句话说，政府在 E 象限的人获得支付之前就得到了支付。任何单纯位于 E 象限的人几乎都不能逃避政府的税收。这意味着不再执行第 16 次修改法案的意愿，即只对富人征税，而是对左侧象限的每一个人都要征税，无论富有还是贫穷。就像前面陈述过的一样，在美国，收入最低的人要按照税率缴纳比富人和中产阶级还高的税收。

1986 年的《税制改革法案》针对的是 S 象限的高收入专业人员。这项法案特别列出了医生、律师、建筑师、牙医、工程师和其他类似的职业，这一举措使得这些人尽可能按照富人在 B 象限和 I 象限的方式隐藏收入变得更加困难。

这些专业人员被迫通过 S 型企业（自由职业者 S 创办的企业），而不是 C 型企业（企业主 B 创办的企业）来经营，否则就得支付税收罚款。而富人则不必支付这种罚款。这样，那些高佣金的专业人员的收入不得不通过 S 型企业获得并且按尽可能高的个人所得税率纳税，他们没有机会利用 C 型企业的税收减免规定隐藏收入。并且，几乎同时，法律变更为强制所有的 S 型企业都要按日历年度结算，这再度迫使他们将所有的收入都按最高税率纳税。

我最近和我的私人会计师议论这些变更时，她提醒我说，对那些新开业的自由职业者而言，最大的震惊通常出现在他们第一年的业务结束时，到那时他们将认识到他们支付的最大税收是自雇税。这种针对 S 即自由职业者的税，是他们作为 E 即雇员时所纳税额的两倍，而且这是在扣除法定扣减项目或个人豁免之前的收入基础上计算出来的。很可能自由职业者没有任何应税收入，却要照旧支付自雇税。相反，企业则不必支付自雇税。

1986 年《税制改革法案》还有效地推动了美国的 E 和 S 走出房地产投资领域，进入证券资产领域，如股票和共同基金投资市场。一旦开始实行减员增效，很多人不仅感到他们的工作更不安全，而且会感到他们的退休生活也不再有保障，因此他们正在把未来的财务命运置于受市场波动影响的证券资产上。1986 年《税制改革法案》看起来也在试图关闭较小规模的美国社区银行，并把整个银行业转变为几家大的国有银行。我推测，这样做的原因是想让美国的银行与德国和日本的大银行相抗衡。如果政府真的抱有这样的意图，那么它成功了。今天在美国，银行业已经更小范围地由个人或者单纯几个人所有，而这样做的另一个结果是，某些阶层的人会更难获得住房贷款。今天，不再是由一个小城镇的银行职员通过你的品性了解你，而是如果你不能满足计算机的非人格化的资格要求，主机就将把你的名字从合格去贷款的名单上勾掉。

在 1986 年的《税制改革法案》之后，富人们继续挣到更多的钱，工作得更少，支付更少的税，享受更多的资产保护，正是用了我的富爸爸在 40 年前教给我的套路："建立企业和购买房地产。"他们通过 C 型企业挣到很多钱，并通过房地产来掩盖自己的收入。当众多的美国人工作并支付越来越多的税收，接着每月都让几十亿美元流入共同基金市场时，富人们正安静地出售着 C

型企业的股票，挣更多的钱，然后花几十亿美元来购买房地产。C 型企业的股票使购买者分担经营企业所面临的风险，而股票并没有使股东享受到拥有 C 型企业和投资房地产所带来的好处。

为什么我的富爸爸建议建立 C 型企业，然后购买房地产呢？因为税法给这样做的人提供奖励，但这不是本书所要讨论的话题。只要记住这些巨富如雷·克洛克这个麦当劳的创始人所说的话就行了：

"我的业务不是做汉堡包，我的业务是房地产。"

我的富爸爸反复对我说：

"建立企业，然后购买房地产。"

换句话说，就是要通过充分利用税法，在现金流右侧象限找到财富。

1990 年，美国前总统乔治·布什在承诺"请看看我的嘴，不会有任何新税收"之后，提高了税率；1992 年，前总统克林顿把近代历史上最大的赋税增加写进了法律，这次增加影响了 E 和 S，但是大部分的 B 和 I 没有受到任何影响。

当我们一步步远离工业时代进入信息时代时，我们需要收集来自不同象限的信息，在信息时代，高质量的信息才是我们最重要的资产。正如埃里克·霍弗所说：

"在变化的时代里……

学习者是地球的继承人，

而学习的人

发现自己已经武装得很好，

从而可以面对一个

变化了的世界。"

请记住

每个人的财务状况都是不同的，因此我始终建议：

1. 寻找你能发现的最好的职业和财务建议。例如，建立 C 型企业可能适合某些情况，但并不是在所有的情况下都奏效。甚至在右侧象限，有时一个 S 型企业也是合适的。

2. 请记住：为富人、穷人和中产阶级服务的顾问是不同的，就像为右侧象限和左侧象限的人服务的顾问也是不同的一样。还要考虑寻求那些已经在你想要到达的象限的人士的建议。

3. 不要因为税收缘故进行商业或投资活动。税收漏洞是按照政府要求的方式做事的一种额外奖励，它应该是一种奖金，而不是理由。

4. 如果你是一位非美国公民的读者，这些建议仍然有效。我们的法律可能不同，但是所有有价值的建议的原理是相同的，世界上所有的右侧象限的人进行的操作都是非常相似的。

第三部分
如何成为成功的 B 和 I

CASHFLOW Quadrant:
Rich Dad's Guide to Financial Freedom

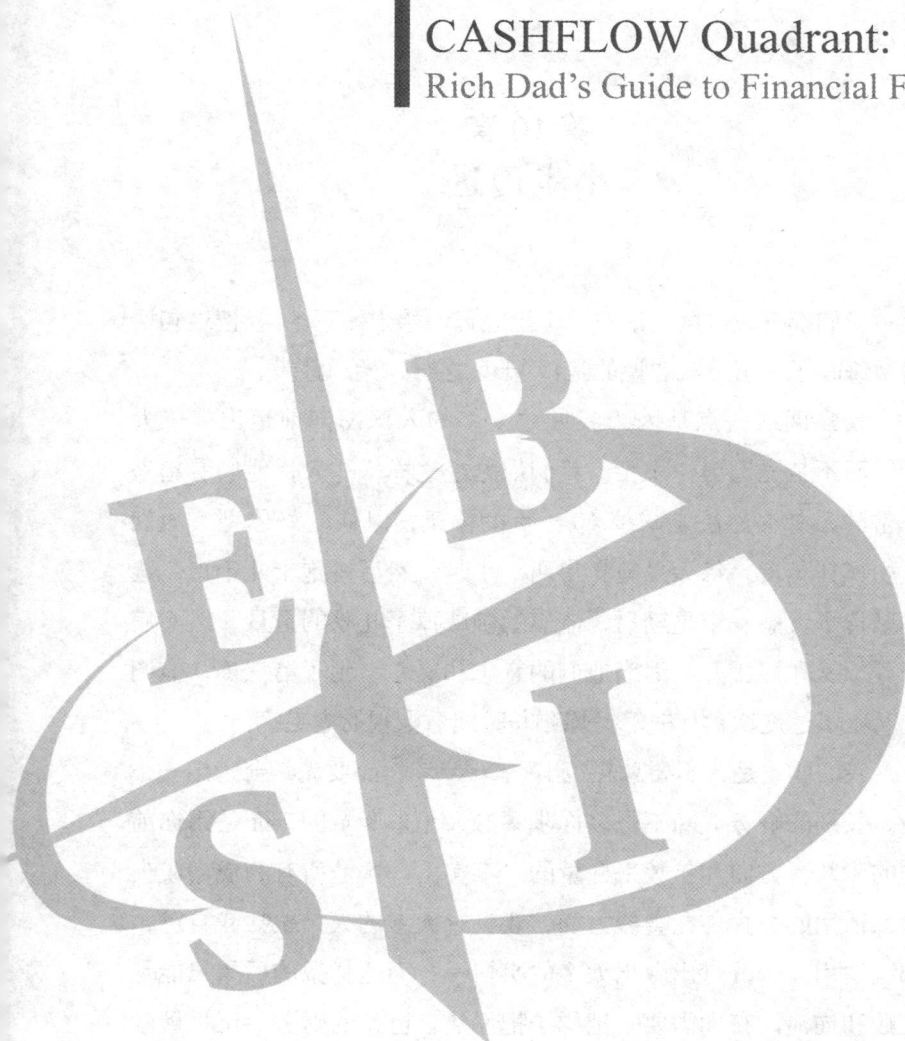

第 10 章
小步迈进

我们都听说过这句话："千里之行，始于足下。"我把这句话略微修改了一下，我想说的是："千里之行，始于跬步。"

我强调这一点是因为我见过太多的人试图向前迈出"一大步"而不是先迈出一小步。我们都见过这样一些人，他们看起来非常胖，却突然决定减掉 10 千克的体重，以恢复好体型。他们开始疯狂节食，每天去健身房两个小时，然后慢跑十几千米。这样坚持了大概一个星期后，他们的确减掉了几磅的重量，然而痛苦、烦躁和饥饿开始消磨他们的意志和决心。到了第三周，他们就又犯了过度饮食、缺乏锻炼和长时间看电视的老毛病。

我的建议是：不要总想迈出"一大步"，而要先学会迈出一小步。长期的财务成功不是以你步幅的大小来衡量的，而是用你前进的步数、方向和年数来衡量的。事实上，这是所有的成功或失败都适用的公式。在金钱方面，我见过太多的人，包括我自己，都试图用太少的付出做出太多的事情——而这样做的后果只能是失败和崩溃。在你需要一把梯子把你从自己挖的财务深坑里解救出来之前，你很难学会向前迈出一小步。

如何吃掉一头大象

在这个部分本书将介绍 7 个步骤，用来指引你通往右侧象限的路。在富爸爸的指导下，我从 9 岁起就开始按照这 7 个步骤行事。终此一生，我都将坚持这样的步骤。在阅读这 7 个步骤之前，我想提醒你，对你们当中的一些人来说，这个任务是艰巨的，如果你想在一个星期内完成，那么更是如此。因此请从小步开始迈进。

我们都听过这句话，"罗马不是一天建成的"。每当我发现自己快被太多必须学习的东西压得喘不过气来时，我都会想起"你如何吃掉一头大象"这个问题，答案是"每次吃一口"。这也是你在从 E 象限和 S 象限进入 B 象限和 I 象限的过程中，感觉到被自己必须学习的东西压得有点儿喘不过气时，我推荐给你的处理方式。请善待自己，你要知道这种转变不只是一个智力学习的过程，还是一个情感学习的过程。当你花掉半年到一年学会了迈出这一小步之后，你就会理解这句话："在你能跑之前必须学会走。"换句话说，你要经历婴儿学步、走路，然后才是奔跑，这也是我所推崇的道路。如果你不喜欢这条道路，那么你可以做那些数以万计的想以快速简单的方式致富的人所做的事情，那就是买彩票。谁知道呢？也许哪天就是你的幸运日。

行动胜于不行动

我认为，E 和 S 很难移入 B 象限和 I 象限的主要原因，就是他们太害怕犯错误。他们常说："我害怕失败。"或者会说："我需要了解更多的信息，你能再推荐一本书吗？"他们的恐惧或者说自我怀疑是使他们困在自己象限的主要因素。请慢慢阅读这 7 个步骤，并逐一实践。对于大多数人而言，迈出最初的一小步就足以使你踏上迈向 B 象限和 I 象限的旅途，按照这 7 个步骤你就可以打开一个充满机遇和变化的全新世界。那么，就先从第一步开始吧。

耐克的口号 "Just do it" 最能阐释这一点。遗憾的是，我们的学校却在说："别犯错误。"很多受过良好教育的人都想采取行动，却在情感上被这种怕犯错误的恐惧束缚着而停滞不前。作为一个老师，我得到的最重要的经验之一就是：真正的学习需要智力、情感和体力三方面共同参与。因此，行动总是胜过不行动。如果你采取了行动却犯了错误，至少你在智力、情感或体力方面知道了某些事情应该怎样做。一个总在寻找 "正确" 答案的人容易患上 "分析瘫痪症"，这种病看起来影响了很多有学问的人。其实，我们正是通过犯错误来学习的。我们通过犯错误才学会了走路和骑自行车。出于对犯错误的恐惧而害怕采取行动的人在智力上可能是聪明的，但是在情感和身体的能力上却是低下的。

几年前有人曾针对全世界的富人和穷人做过一项研究。这项研究意在查明出身贫寒的人如何最终变富。该研究发现，这些人无论生活在哪个国家，都具备以下 3 种特性：

1. 他们有长远的眼光和计划。
2. 他们相信延迟的回报。
3. 他们以有利于自己的方式运用复利的力量。

该研究发现，这些人能够为长远的将来思考和打算，并且知道自己能够通过坚持一个梦想或愿景最终获得财务成功。基于相信被延迟的回报，他们愿意做出短期牺牲去实现长期的成功。阿尔伯特·爱因斯坦对钱是如何通过复利方法翻倍的感到非常惊讶。他认为复利计息法是人类最惊人的发明之一。对复利的研究还把复利计算法推到了比金钱更高的层面上，它印证了有关小步迈进的一些想法——学习过程中迈出的每一小步多年以后都将复利化。没有迈步的人将得不到扩大知识和积累经验的杠杆，知识和经验的积累来自"复利计息"。

这项研究还发现了导致人们由富变穷的因素。有很多富裕的家族仅在三代之后就耗尽了大部分家产。毫无悬念这些人拥有以下 3 种特征：

1. 他们目光短浅。
2. 他们渴望即时回报。
3 他们滥用复利力量。

今天，我常常遇到一些人，他们对我很失望，因为他们想让我告诉他们现在如何能挣到更多的钱。他们考虑问题缺乏远见。很多人不顾一切地寻求短期回报，因为他们今天就有很多金钱问题需要解决，比如消费者信贷和缺少投资，这些都是由于他们对即时回报的不可遏制的欲望造成的。他们认为"趁年轻要尽情地吃喝玩乐"，这种做法滥用了复利的力量，导致长期负债，而不是长期财富。

他们想要立竿见影的答案，并想让我告诉他们"应该做什么"。他们只是想得到解决长期问题的短期答案，而不是倾听"为了获取财富需要做什么事，他们应该成为'谁'"。换句话说，太多的人固守"快速致富"的生活哲学。对于这些人，我只能祝他们好运，因为运气才是他们最需要的。

一个热心的提示

我们大多数人都听说过，写下自己目标的人会比没这样做的人更成功。有一位名叫雷蒙德·亚伦的老师，来自加拿大的安大略省，他开办了一些关于销售技巧、目标设定、增加收入和如何成为一名更好的销售员等课程的学习班，并配有磁带。虽然现在有很多人开办这类学习班，但是我推荐他的课程，因为他对这些重要的科目有一些非常精彩的见解，这些见解能够帮助你在商业和投资领域获得更多你想要的东西。

在目标设定这门课里，他建议采取先迈出一小步然后再循序渐进的方法，而不是迈开大步向前。他建议每个人都应该有宏伟并且长远的梦想和愿望，然而，对于目标设定，他建议人们先做一个并不太成功的人，而不是过度成功的人，也就是说，得先迈出一小步。例如，如果我想拥有漂亮的身材，他推荐我留有余力，做比自己想做的更少的事情就可以了，没有必要一次就向前迈出一大步。不用在健身房待一个小时，20分钟就好。换句话说，设定一个留有余地的目标，然后迫使自己坚持它。这样你就不会觉得压力太大，而是觉得能够应付。由于觉得自己能够应付，我发现自己渴望去健身房，或做生活中其他需要我做或改变的事情。奇怪的是，今天我发现自己通过做一个不太成功的人，而不是折磨自己去做一个过度成功的人而获得了成功。总之，要有宏伟的大胆的梦想，然后每天做一点事情，也就是说，用小步绕过而不是大步越过悬崖。设定可以完成的每日目标，这样，当你实现这个目标后，就会有一种积极的强化力量帮助你沿着通向远大目标的道路不断前进。

举个例子：我设定了一个小目标，每周听两盘磁带。如果它很不错的话，我可以听同一盘磁带两遍或者更多遍——但是这仍然算是一周两盘。我和我妻子还有一个以书面形式确立的目标，每年参加至少两个关于 B 象限和 I 象限的学习班。我们同 B 象限和 I 象限的专家一起度假。我们在游戏、休息和出外用餐的过程中又学到了很多东西。这些是设定小目标的方法，也是向宏伟而大胆的梦想前进的方法。我感谢雷蒙德·亚伦，他的关于目标设定的磁带帮助我在更小的压力下获得了更大的成功。

现在请继续读下去，并记住大胆梦想、长远考虑、每天设定一个小目标，并且一小步一小步地来完成。这是获得长期成功的关键，也是实现从现金流左侧象限向右侧象限转移的关键。

如果想变富，你必须改变你的规则

人们常常引用我这句话："规则已经变了。"听到这句话的人纷纷点头表示同意："是的，规则已经变了，一切都和从前不同了。"说完之后，他们却继续做着同样的事情。

工业时代的财务报表

当我在教"让你的财务生活变得有序"这门课时,我首先会让学生填一份个人财务报表。这是一次改变生活的经历。财务报表跟 X 射线非常像,因为它们都能让你看到肉眼无法看到的东西。学生们填完财务报表之后,很容易就会看出谁患有"财务顽疾",谁的财务状况良好。一般来说,患有财务顽疾的人都是那些具有工业时代思想的人。

为什么这么说呢?因为在工业时代,人们不必考虑明天。工业时代的规则是:"努力工作,你的雇主或政府就会考虑你的明天。"因此在我的朋友和亲人中,有许多人经常说:"去政府部门工作吧,福利待遇非常好。"或者说:"要确定你所在的公司有完善的退休计划。"或者说:"要确定你所在的公司有一个强势的工会。"这些都是基于工业时代规则的建议,我把它们称做"权利"意识。虽然时代的规则已经改变了,但很多人还没有改变他们自己的规则,尤其是他们的财务规则。他们花起钱来仍然像不必为将来计划时一样。这就是我在阅读一个人的财务报表时要看的东西——他们是否为明天考虑。

你还有明天吗

让事情简单化——这是我在个人财务报表上要看的东西。

损益表

收入
支出 （今天）

资产负债表

资产 （明天）	负债 （昨天）

　　没有资产获得现金流的人没有明天。我发现那些没有资产的人，通常都是为了工资而努力工作并用工资支付账单。如果你观察大多数人的"支出项目"，你会发现两项最大的月支出是税收和对长期债务的偿还。他们的支出状况如下图：

损益表

收入
支出 税收(约为50%) 债务(约为35%) 生活费

资产负债表

资产	负债

换句话说，政府和银行在他们拿到工资之前已经拿走了一部分。不能控制自己的现金流的人通常没有财务未来，几年以后他们就会发现自己已身陷严重的财务困境。

为什么呢？原因就在于我们几乎没有对处在 E 象限的人设置税务和债务方面的保护。甚至 S 对这两种财务顽疾也无能为力。

如果本章对你来说不好理解，那么我建议你阅读或者重读《富爸爸穷爸爸》这本书，它将会使本章和下面的章节更容易理解。

3 种现金流形式

就像《富爸爸穷爸爸》一书中所描述的那样，有 3 种基本的现金流形式：一种是富人的，一种是穷人的，还有一种是中产阶级的。下面是穷人的现金流形式：

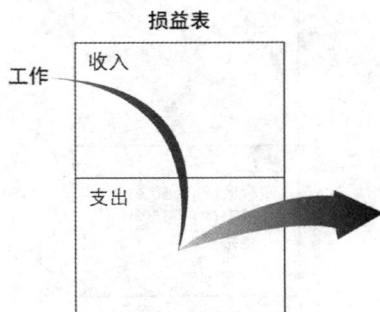

损益表

收入
支出

工作

资产负债表

资产	负债

中产阶级的现金流形式见下图：

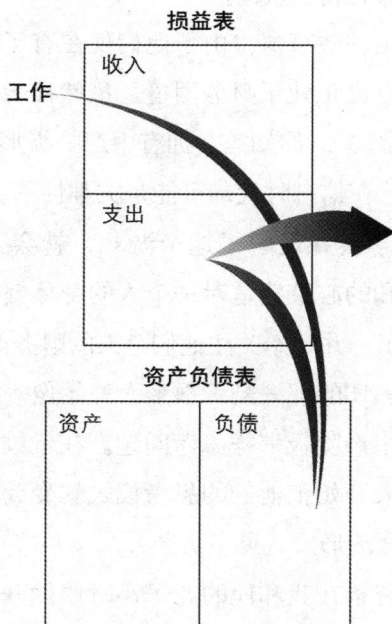

损益表

收入
工作
支出

资产负债表

资产	负债

这种现金流形式被我们的社会认为是"正常的"和"明智的"。毕竟，有这种形式现金流的人很可能拥有高薪的工作、漂亮的房子、汽车和信用卡，我的富爸爸称之为"工薪阶层的梦想"。

当我和一些成年人玩我的桌面游戏"现金流"时，他们经常要经历一番心理挣扎。为什么呢？因为他们被引到财务知识上去了，这意味着他们要花时间理解与金钱有关的数字和语言。进行这个游戏需要花上好几个小时，并不是因为这个游戏很长，而是因为参与者正在学习一个全新的科目，这几乎就像在学一门外语。好在这种新知识能够很快被掌握，到那时游戏就会进行得很快了。游戏速度的加快是因为参与者变得更聪明了——他们玩这个游戏的次数越多，在投资方面就会变得越聪明越敏捷，而且玩游戏的整个过程都充满了乐趣。

另外还会发生一些事情。由于他们现在有了财务知识，很多人都开始认识到自己正处于财务困境，虽然社会上的其他人认为他们是"财务正常的"。你知道，拥有中产阶级形式的现金流在工业时代是正常的，在信息时代却可能是灾难性的。

很多人一旦学会并理解了这个游戏，就会开始寻找新的答案。就像一次温和的心脏病是对一个人的身体健康的一个警告一样，人们被唤醒了，并开始关注他们个人的财务健康。

在领悟了这一切的那一刻，很多人开始像一个有钱人而不是一个努力工作的中产阶级那样思考问题。在玩过几次"现金流"游戏之后，一些人开始把他们的思考模式转变为富人的模式，并开始寻找这种现金流形式（见下页图）。

这是我的富爸爸在我和他的儿子小时候就开始培养的思考方式，因此他拿走我们的工资并拒绝给我们加薪，并从不让我们沾染上寻找高薪工作的习惯。他希望我们形成另一种财务思维方式，这种方式只考虑资产和资本利得、股息、租金、企业剩余收入和专利权使用费这些形式的收入。

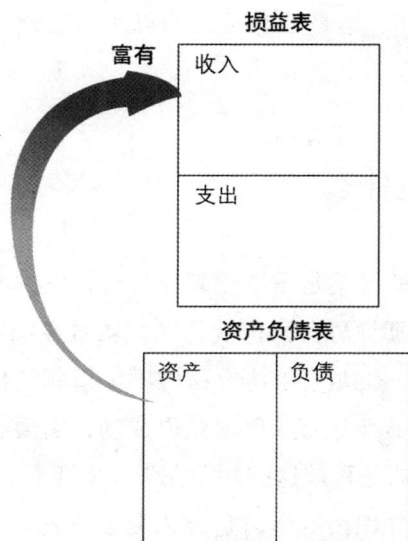

损益表

收入	
支出	

资产负债表

资产	负债

富有

对于那些想在信息时代获得成功的人来说，他们越早开始开发他们的财商和情商，越早用这种方式来思考问题，就能越早感受到更多的财务安全并寻找到财务自由。在一个工作保障越来越少的世界里，这种现金流形式对他们而言有着更大的意义。要想获得这种形式的现金流，一个人需要从 B 象限和 I 象限而不是 E 象限和 S 象限的角度观察世界。

我也把它称做信息时代的财务报表，因为收入是严格地从信息中产生，而不是单纯从努力工作中产生的。在信息时代，努力工作的思想与其在农业时代和工业时代所具有的意义已经不同了，在信息时代，付出最多体力劳动的人却只能得到最少的支付。今天，这已经是事实并且在整个历史中它也都将是事实。

而今，当人们说"不要光努力工作，还要聪明地工作"时，不是指在 E 象限或 S 象限中聪明地工作，真正指的是在 B 象限或

I 象限聪明地工作。这是信息时代的思想，因此财商和情商在今天和未来都是至关重要的。

那么，答案是什么

很明显，我的答案是重新教育你自己，使你能像富人而不是穷人或中产阶级那样思考。也就是说，从 B 象限或 I 象限来思考和观察这个世界。但是，解决办法并不像回到学校再上几门课那样简单。要想在 B 象限或 I 象限获得成功，需要有财商、系统知识和情商，遗憾的是目前这些知识在学校里还无法学到。

这些方面的知识很难学习是因为大多数成年人具有"努力工作然后消费"的生活模式。他们感到财务焦虑，因此他们匆忙地跑去工作，努力地工作。他们回到家里，听到有关股市波动的消息后，更加焦虑了。于是他们去购买新房子、新汽车，或者干脆去打高尔夫球以逃避焦虑。

问题是在星期一早上，焦虑又回来了。

你如何开始像富人一样思考

人们经常问我，如何开始像富人一样思考。我总是建议他们从小处着手，不断增加知识，而不是到处乱跑，去购买共同基金或者盲目购买可供出租的房产。如果人们重视学习和重新培养自己，希望自己能像富人一样思考问题，那么我推荐我的桌面游戏"现金流"。

我发明这个游戏的目的是帮助人们提高他们的财商，这个游戏为人们提供了智力、体力和情感方面的训练，而这些训练对于转变人们的穷人或中产阶级的思考模式使他们能够像富人一样思考是十分必要的。它教育人们认识到，富爸爸曾经对我说的话是重要的——而不是仅仅考虑一张大额工资单或者一所大房子。

消除焦虑的是现金流，而不是现金

财务困窘和贫穷是真正令人焦虑的财务问题，这些问题束缚了人们的智力和情感，使人们困在我所说的"老鼠赛跑"中。除非这种智力和情感束缚被打破，否则这种模式就无法改变。

几个月前，我和一位银行经理一同设法使他摆脱了财务困境。我不是一个治疗专家，但是我曾经打破了根植在我家族中的财务习惯。

这个银行经理一年挣 12 万美元，却总是处于某种财务困境。他有一个幸福的家庭，3 辆汽车，一所大房子，一幢别墅，他看起来很有前途。但是，当我审察他的财务报表时，却发现他患了财务顽疾，如果不改变现有的财务生活方式的话，几年后他将无可救药。

他和他妻子第一次玩"现金流"游戏时，他苦苦挣扎、烦躁不安，几乎无法自控。他的思绪非常混乱，看起来根本无法掌握这个游戏。4 个小时后，他仍然陷在困境中。别人都完成了游戏，而他还在"老鼠赛跑"。

因此，当我们结束游戏时，我问他感觉怎么样。他唯一的回答是，这个游戏太难、太慢、太枯燥。这时我提醒他我在游戏开始时告诉他的话：所有的游戏都是对玩家某种能力的反映，也就是说，游戏像一面镜子，让你看清你自己。

这句话激怒了他，因此我退了一步，问他是否还想使他的财务生活得到改善，他说他仍然想。于是我邀请他和他妻子（他妻子喜欢这个游戏）和一个投资小组一起再玩一次这个游戏，这次由我做指导。

一星期后，他的表现好了起来。这时，他有了一些灵感。对他来说，会计部分很容易，因此他很自然地把数字处理得整齐而有条理，这在游戏中是非常重要的。现在，他开始理解企业和投资领域了。他可以用他的大脑"看见"他自己的生活模式并认识到正是他正在做的事情导致了自己的财务困境。4个小时后，他仍然没有完成游戏，但是他已经开始从中学习了。当游戏结束时，他要求再玩一次。

到第3次时，他变成了一个全新的人。现在他控制着游戏、他的财务状况和投资。他的信心迅速增加，这次他成功地跳出了"老鼠赛跑"，进入了"快车道"。游戏结束时，他买了一套游戏玩具并说："我要把它教给我的孩子们。"

到第4次玩时，他告诉我他的个人支出下降了，他改变了自己的花钱习惯，并取消了几张信用卡。现在，他对学习投资和建立自己的资产项目有很大的兴趣，他的思维已经开始使他成为一个信息时代的思考者了。

玩第5次时，他购买了"现金流202"游戏。这个游戏是为那些已经掌握了"现金流"初级版的人准备的高级游戏。他现在已经准备好了并渴望参与真正的B和I进行的快速而有风险的游戏，最可喜的是他已经控制了自己的财务未来。这个人已经完全不同于那个在第一次玩这个游戏时要求我把它设计得更容易些的人。当时，我告诉他，如果他想玩更容易的游戏，他应该玩"大富翁"，那也是个很好的教学游戏。仅仅过了几个星期，他就不再要求把游戏变得更容易些，而是积极地寻求更大的挑战，并对自己的财务未来充满了乐观的态度。

通过反复地玩这个游戏，他不仅在思想上而且更重要的是在情感上受到了很多的教育。我认为，游戏是一种高级的教学工具，因为它要求参与者完全投入到学习过程中，并从中获得乐趣。参与游戏是智力、情感和体力上的投入，是全身心地学习。

第 11 章
第 1 步：考虑你自己事业的时候到了

你一直在努力工作并使别人变得富有吗？大多数人年轻时都会到别人的企业工作，并使他人变富。但按照这样的建议开始生活是很无知的：

1. "上学，得高分，这样你就能找一份安定有保障并且薪水高、福利好的工作。"

2. "努力工作你才能买到你梦寐以求的房子。毕竟，你的住房是一项资产，而且应该是你最重要的投资。"

3. "拥有大额抵押贷款很好，因为政府会为你的利息支付提供税收减免。"

4. "现在购买，以后支付"，或者"低首付，每月轻松支付"，或者"快来储蓄吧"。

盲目听从这些建议的人通常会成为：

1. 雇员——使他们的老板和企业主变富。

2. 债务人——使银行和债权人变富。

3. 纳税人——使政府变富。

4 消费者——使很多其他企业变富。

他们没有找到自己的财务快车道，却反而帮助其他人进入快车道。他们工作一生，不是为他们自己的事业忙碌，而是为别人操劳。

损益表

收入
1. 你为你老板的事业而忙碌。

支出
2. 你通过向政府交税而为政府的事业忙碌。通过各种名目的消费，你发展了他人的事业。

资产负债表

资产	负债
4. 这是你自己的事业。	3. 你为你的银行经理的事业而操劳。

通过观察损益表和资产负债表，你就能很容易地发现，我们很早就被设计好来经营别人的事业，却忽略了我们自己的事业。

采取行动

在我的课堂上，我经常让学员们填写他们的财务报表。对于很多人来说，他们的财务报表实在不怎么赏心悦目，而这种情况的产生多数时候正是因为他们被误导去为其他人的企业忙碌，而忽略了自己的事业。

1. 填制个人财务报表

我在后面已经列出了在"现金流"游戏中所要列出的损益表和资产负债表的样表（见第 260 页）。你为了到达想要去的地方，需要知道你现在在什么地方。这将是你控制自己生活、花更多时间关注自己事业的第一步。

2. 设定财务目标：

为你想在 5 年内到达的地方设定一个长期财务目标，并为你想在 12 个月内到达的地方设定一个较小的短期财务目标。（短期财务目标是通向 5 年目标的进身之阶。）设定现实的、可以实现的目标。

（1）在未来的 12 个月内：

● 我想减少我的债务_____美元。

● 我想增加我名下资产的现金流或者增加被动收入_____美元 / 月。

（2）我的 5 年目标是：

● 增加我资产的现金流到＿＿＿美元／月。

● 在我的资产项目中拥有下列投资（如房地产、股票、企业，等等）＿＿＿

（3）用你的 5 年目标改变你从今天开始的 5 年以内的损益表和资产负债表。

现在你已经清楚地了解了自己的财务状况，并且设定了目标，你需要做的是控制你的现金流，以便实现你的目标。

职　业 _____ 　　　玩家姓名 _____

目标：使你的被动收入远多于你的总支出，从而跳出"老鼠赛跑"进入快行道。

损益表

收　入	
工资：	
利息：	
红利：	
	现金流
房地产：	
公司：	现金流

支　出	
税：	
住房抵押贷款：	
助学贷款：	
购车款：	
信用卡还款：	
零售付款：	
其他支出：	
子女抚育费：	
银行贷款：	

审计员 _____

在你右侧的人

被动收入＝_____

（利息＋分红＋房地产＋公司的现金流）

总收入：_____

孩子的数量：_____

（开始游戏时没有孩子）

每个孩子的

抚育费：_____

总支出：_____

每月现金流：_____

（实际收入）

资产负债表

资　产
储蓄：
股票/共同基金/银行存单、数量： 成本：
房地产： 首付： 成本：
公司： 首期： 成本：

负　债
住房低押贷款：
助学贷款：
汽车分期付款：
信用卡：
零售债务：
房地产抵押贷款：
负债（公司）：
银行贷款：

第 12 章
第 2 步：控制你的现金流

很多人认为，仅靠挣更多的钱就能解决财务问题，但是，在大多数情况下，这种做法只能引起更大的财务问题。

大多数人有金钱方面的问题，这主要是因为他们在学校从来没有接受过管理现金流的教育。有人教会了他们读、写、开车和游泳，却从来没有人教过他们应该如何管理现金流。由于没有受过这方面的培训和教育，于是当最终遇到个人财务问题时，他们只能更加努力地工作，并相信更多的钱会解决这些问题。

正如我的富爸爸经常说的那样："如果现金流管理是症结所在，那么再多的钱也不能解决问题。"

最重要的技能

在决定关注你自己的事业之后，作为你自己公司的 CEO，下一步就是要控制你的现金流。如果你不这样做，挣再多的钱也不会让你变得更富有。事实上，更多的钱使大多数人变得更穷，因为每当他们涨了工资以后，都会出去购物并陷入更深的债务之中。

谁更聪明——你还是你的银行家

大部分人没有填写个人财务报表的习惯，他们至多只是尽力平衡每月的收支。因此，你应该祝贺自己，你现在已经领先你的大多数同事了，因为你已经完成了你的财务报表并为自己设定了目标。

作为你自己公司的 CEO，你要学会比大多数人甚至比你的银行家更聪明。

大多数人会说，"两本账"是非法的，在某种情况下，的确是这样。然而在现实中，如果你想真正了解财务世界，就必须有两本账。一旦你认识到这一点，你就会变得和你的银行家一样聪明，甚至可能比他们还聪明。下面是一个合法的"两本账"的例子——你和你的银行家各有一本账。

作为你自己的 CEO，你应该始终记住富爸爸的那些简单的话和图示。他常说："你拥有的每一项负债，都是别人的资产。"

并且他会画出下边这个简单的图示：

你的资产负债表

资产	负债
	抵押贷款

你的银行的负债表：

银行的资产负债表

资产	负债
你的抵押贷款	

作为你自己的 CEO，你必须始终记住，你的每一项负债，都是某个其他人的资产。这是真实的"两本账会计"。对于每一项负债，如抵押贷款、汽车贷款、学校贷款和信用卡，你都是债权人的雇工，你努力工作正在使他们变得更富有。

良性债务和不良债务

富爸爸经常提醒我要懂得区分良性债务和不良债务。他常说："当你欠了某个人的钱，你就成了他的雇工。如果你借了一笔30年的贷款，那么你就得做30年的雇工。而且，在债务结束时，他们不会发给你一块纪念金表。"

富爸爸也借钱，但是他会尽最大的努力避免成为偿还贷款的那个人。他常对他的儿子和我说，良性债务就是由别人替你支付的债务，不良债务就是你用自己的血汗钱支付的债务。因此他喜欢可租赁房产，他也鼓励我去购买这类资产，因为"银行给你贷款，你的房客会替你偿还"。

收入与支出

　　两本账不仅适用于资产和负债，同时也适用于收入和支出。富爸爸给我上的最完整的一堂词汇课是这样的："对于多数资产来说，一定存在一项负债，但是它们不会在同一份财务报表中出现；对于每一项支出，也都必然存在一项收入，但是它们也不会出现在同一份财务报表中。"

　　下面的简单图示会使这段话更清晰。

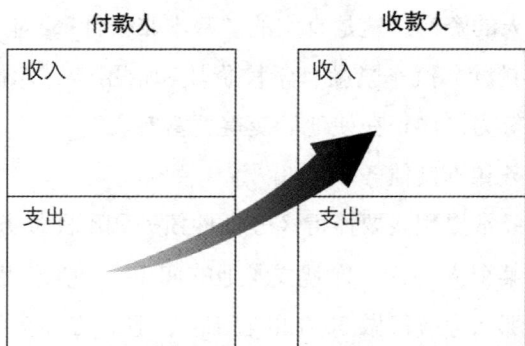

　　大多数人在财务方面不能走在前面，因为他们每个月都有账单要付。这其中有电话单、税单、电费单、煤气单、信用卡账单、食物账单等。大多数人每个月都要先支付其他人，最后才支付自己——如果他们还有节余的话。因此，大多数人都违反了个人财务的黄金规则，即："先支付自己"。

　　这就是富爸爸强调现金流管理和基本财务知识重要性的原因。富爸爸经常说："不能控制现金流的人在为能够控制其现金流的人工作。"

财务快车道以及"老鼠赛跑"

"两本账"的概念可以用来解释"财务快车道"和"老鼠赛跑"的概念。有很多不同类型的财务快车道，下图展示的是最常见的一种，存在于债权人和债务人之间。

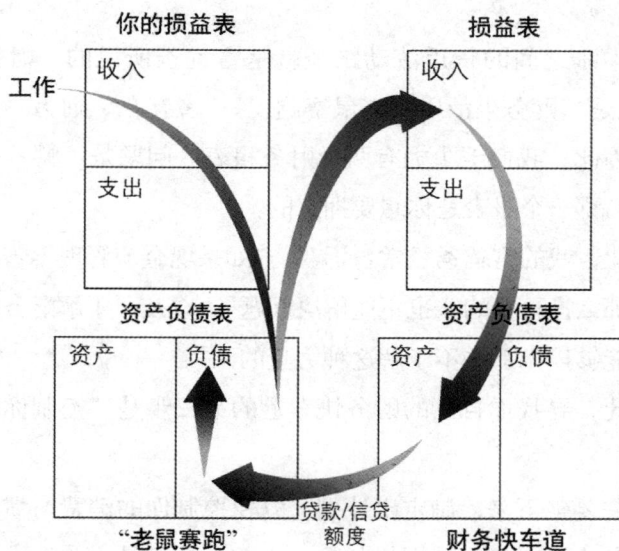

这张图已经被大大简化了，但是，如果你花时间研究它，你的大脑会看见大多数人用眼睛看不见的东西。研究这张图，你将能看见富人和穷人、资本家和无业者、债权人和债务人以及提供工作的人和寻找工作的人之间的关系。

这就是财务快车道，你已经在路上了

在这种情况下，债权人会说："由于你的良好信誉，我们愿意为你提供账单合并贷款。"或者："你愿意开一个信用账户，以便你在未来临时需要钱时用它吗？"

你知道其中的区别吗

两本账之间的货币流动路径就是富爸爸所说的"财务快车道"，也是"财务生活中的老鼠赛跑"。一者存在，则另一者必然存在。因此，我们至少拥有两个财务报表。问题是，哪一个报表是你的？哪一个报表是你想要拥有的？

因此，我的富爸爸经常告诉我，"如果现金流管理不善是问题所在，那么挣再多的钱也不能解决问题"，以及"了解财务数字力量的人能够控制那些不了解这种力量的人"。

因此，寻找你自己的财务快车道的第二步是"控制你的现金流"。

你需要坐下来，制定出计划，以便控制你的消费习惯，将你的债务最小化。在你试图增加收入之前，最好量入为出。如果你需要帮助，请向有资格的财务规划师寻找帮助。他或她能够帮助你制定出一个计划，按照这个计划，你能够改进你的现金流并开始首先支付你自己。

采取行动

1. 复习上一章要求你做的财务报表。

2. 确定你现在的收入来自现金流象限图的哪一个象限。

3. 确定你希望 5 年后你的主要收入来自哪个象限。

4. 开始你的现金流管理计划：

（1）先支付自己

从你的每份工资或每份其他来源的收入中拿出一个固定份额，把这笔钱存入投资储蓄账户。一旦你的钱存入这个账户，就永远不要取出它，直到你准备用它投资为止。

祝贺你！你已经开始管理你的现金流了。

（2）集中精力减少你的个人债务

下面是一些简单而且能够用于减少和消除个人债务的提示。

提示 1： 如果你有多张尚未还清的信用卡，则

● 注销你所有的信用卡，只留下一到两张。

● 这一到两张信用卡中的任何新债务都必须在每月底还清，并且不要再借入任何长期债务。

提示 2： 每月多挣 150 ～ 200 美元。因为你现在拥有的财务知识越来越多，因此应该比较容易做到这一点。如果你不能每月多挣 150 ～ 200 美元，那么实现财务自由可能只是一个幻想。

提示 3： 用这额外的 150 ～ 200 美元对你的信用卡中的某一张进行每月支付。现在你的支付额是你的最低还款额加上这张信

用卡上的 150 ~ 200 美元。

对所有其他到期信用卡只付最低还款额。通常人们对他们所有的信用卡每月都尽力多支付一些，但是令人奇怪的是，这些卡似乎永远都还不清。

提示 4：一旦第一张信用卡被还清了，就用原来偿还这张信用卡的钱去偿还你的第二张卡。现在你的支付额是第二张信用卡的最低还款额加上你以前每月支付给第一张信用卡的全部金额。

继续这个过程去还清你的所有信用卡和其他消费信贷，你每付清一笔债务，就把原来用来支付这笔债务的全部金额用于偿还你的下一笔债务。你会发现，当你还清这笔债务后，你正在支付的下一笔债务的月清偿金额将会增加。

提示 5：一旦你的所有信用卡和其他消费贷款都已被还清，那么请继续对你的汽车和住房支付采用这种做法。如果你遵循这个过程，你将会惊奇地发现，你用更短的时间清偿了你所有的债务。大多数人都能在 5 ~ 7 年内还清全部债务。

提示 6：你现在没有任何债务了，因此把用于每月支付你的最后一笔债务的金额用于投资，建立你的资产项目。

看，就是这么简单。

第 13 章
第 3 步：了解风险与冒险的区别

我经常听人们说："投资有风险。"

我不同意这种说法。相反我说："无知才冒险。"

什么才是正确的现金流管理

正确的现金流管理基于对资产和负债之间区别的认识，而不是你的银行经理告诉你的定义。

下页的上图显示了一个 45 岁的人是怎样正确管理他或她的现金流的。

我之所以选择 45 岁，是因为这个年龄正处于 25 岁（大部分人开始工作的年龄）到 65 岁（大部分人计划退休的年龄）之间。到 45 岁时，如果他们已经正确地管理了自己的现金流，那么他们的资产项目将会比负债项目多。

下页上图显示的是承担风险、但是并没有冒险的人的财务状况。

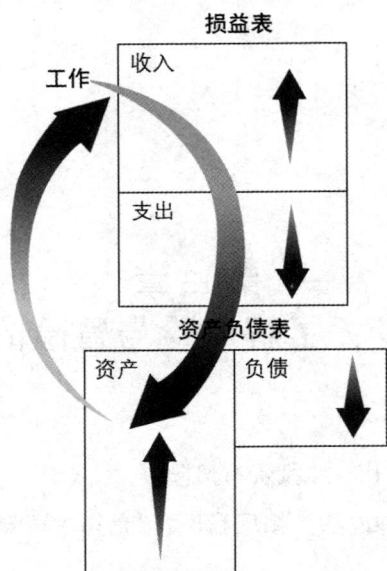

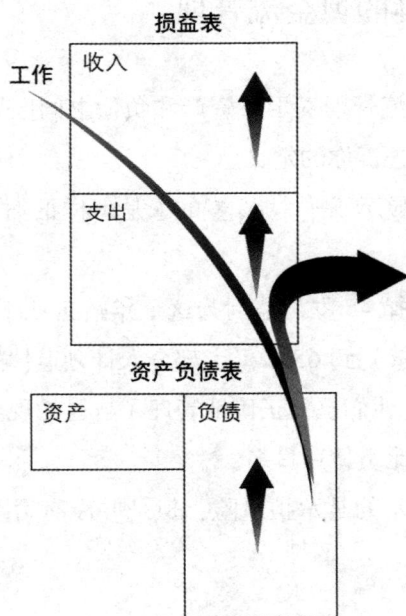

他们的财务状况在所有人中排在前 10%。但是如果他们像其余 90% 的人那样，对他们的现金流管理不善，不了解资产和负债之间的区别，那么，在 45 岁时，他们的财务状况将如上页下图所示。

这些人常说："投资有风险。"对于他们来说，这句话是正确的。但这并不是因为投资有风险，而是缺少正规的财务培训和财务知识给他们带来了风险。

财务知识

在《富爸爸穷爸爸》一书中，我讲述了我的富爸爸是如何使我具备财务知识的。

财务知识不仅能让你用眼睛观察数字，还能让你用经过训练的大脑来观察现金流的方向。富爸爸经常说："现金流的方向就是一切。"

因此，一幢房子究竟是资产还是负债取决于现金流的方向。如果现金流进你的口袋，它就是一项资产；如果现金流出你的口袋，那么它就是一项负债。

财商

富爸爸对"财商"有很多定义，如"把现金或劳动转化为能带来现金流的资产的能力"。

但是他最喜欢的定义之一是："谁更聪明？你还是你的钱？"

我的富爸爸认为，花费一生努力地为钱工作，只是为了在得到钱时立即把它花出去的做法是不明智的。你可以回顾一下第10章中讲的穷人、中产阶级和富人的现金流形式，你可能还记得，富人致力于获得资产，而不是更努力地工作。

由于财商较低，很多有知识的人都把自己推到了高财务风险的境地。我的富爸爸称之为"财务红线"，即指每月的收入和支出几乎相等。这些不顾一切地寻求工作安全的人，无法应对经济形势的变动，并经常用压力和焦虑来损害他们的健康。这些人经常说："商业和投资风险太大了。"

可我还是要说：商业和投资没有风险，没有知识才会冒险。同样，被误导是在冒险，依赖于"安全稳定的工作"将是这类人要冒的最大的风险；购买资产没有风险，购买你被告知是资产的负债才冒险；考虑你自己的事业没有风险，考虑其他人的事业并首先支付他们才是在冒险。

因此，第3步就是要知道风险和冒险的区别。

采取行动

1. 用你自己的话来定义风险。

依赖工资对你来说有风险吗？

每月支付的债务对你来说有风险吗？

拥有每月产生现金流的资产对你而言有风险吗？

花时间学习财务知识对你来说有风险吗？

花时间学习不同类型的投资对你而言有风险吗？

2. 每周花 5 个小时做下列事情中的一件或者更多件：

读报纸的商业版和《华尔街日报》。

听电视或广播中的财经新闻。

听关于投资和财务知识的教学磁带。

读财经杂志和通讯。

玩"现金流"游戏。

第 14 章
第 4 步：决定你想成为哪种类型的投资者

你曾经想过为什么一些投资者能挣到很多钱却比别人面临的风险更小吗？

大多数人在财务困境中苦苦挣扎是因为他们回避财务问题。我的富爸爸告诉我的最大秘诀之一是："如果你想迅速获得巨额财富，就要敢于承担巨大的财务问题。"

在本书的第一部分，我讨论了投资者的 7 个等级。现在我想采用另一种分类方法，将投资者分为 3 种类型：

类型 A：寻找问题的投资者

类型 B：寻找答案的投资者

类型 C：舒尔茨型的投资者："我什么都不知道。"

C 型投资者

舒尔茨是电视连续剧《霍根英雄》中那个可爱的人的名字。

在剧中，舒尔茨是德国战俘营的一名警卫，他知道战俘们都在试图逃跑并蓄意破坏德国的战斗力。

当他知道事情有些不对劲儿时，舒尔茨说的唯一一句话就是："我什么都不知道。"大多数人对于投资问题持有相同的态度。

舒尔茨型投资者能够获得巨大的财富吗？答案是肯定的，如果他们能得到一份联邦政府的工作，与某个有钱人结婚，或者中彩票的话。

B 型投资者

B 型投资者通常问这样一些问题：

"你建议我进行哪种投资？"

"你认为我应该购买房地产吗？"

"哪种共同基金更适合我？"

"我跟我的经纪人谈过了，他建议我要多元化投资。"

"我的父母给了我一些股票，我应该卖了它们吗？"

B 型投资者会立即约见几位财务规划师，接受他们的建议并选择一种投资。如果财务规划师很优秀的话，他们将提供非常好的技术支持并且通常能够帮助你建立起你一生的财务计划。

在我的书中，没有提供任何具体的理财建议，因为每个人的财务状况不同。财务规划师能够最好地评估出你现在的具体情况，并告诉你如何成为第 4 级投资者。

有趣的是，我经常发现许多高收入的 E 和 S 落进 B 类投资者当中，因为他们几乎没有时间寻找投资机会。他们非常繁忙，没有时间学习右侧象限的知识，因此，他们寻找答案而不是知识。

这类人经常购买 A 类型的投资者所说的"零售投资",这种投资往往被捆绑在一起低价出售给大众。

A 型投资者

A 型投资者寻找问题,尤其寻找那些处于财务困境中的人们所引起的问题。善于解决问题的投资者期望他们的货币能带来 25% 到无穷大的回报,他们是典型的第 5 级和第 6 级投资者,有雄厚的经济基础。他们拥有做一个成功的企业主和投资者所需的技能,而且他们会用这些技能解决缺乏这些技能的人所引起的问题。

例如,我第一次开始投资时,寻找的都是丧失抵押赎回权的小型楼房和住宅。我用 1.8 万美元解决了那些没有管理好他们的现金流还用光了钱的投资者所引起的问题。

几年以后,我仍然在寻找问题,但是这次数额更大了。3 年前,我为了获得一家价值 3000 万美元的秘鲁采矿公司而努力,虽然问题和数字变大了,但过程是相同的。

如何进入快车道

我的建议是,小规模地开始并学会解决问题。当你变得更善于解决问题时,你将最终获得巨大的财富。

对于那些想更快地获得资产的人,我再次强调首先学会 B 象限和 I 象限的技能的必要性。我建议先学会如何建立一家企业,因为经营企业会为你提供至关重要的教育过程,改善你的个人技能，并提供了能够弱化市场波动的现金流，还有可以自由支配的时间。正是来自我的企业的现金流，使我有了很多自由时间，使我能够开始寻找有待解决的财务问题。

你能成为所有这3种类型的投资者吗

实际上，我正是作为这3种类型的投资者进行操作的。在选择共同基金或者股票时，我是舒尔茨，即C型投资者。当人们问我"你推荐哪种共同基金"或者"你要买哪只股票"时，我变成了舒尔茨，并回答说"我什么都不知道"。

我的确投资了几种共同基金，但是真的没有花太多的时间去研究它们。我能够用投资的公寓住宅获取比共同基金更高的回报。作为B型投资者，我寻求解决我的财务问题的专业答案，我向财务规划师、股票经纪人、银行经理和房地产经纪人寻求答案。如果这些专业人员有能力，他们就能够为我提供丰富的信息，而这些是我个人没有时间获得的。况且他们也更接近市场，并且我相信，他们最能紧紧跟随法律和市场的变化。

我的财务规划师给我的建议是无价的，因为她对信托、遗产和保险的理解远胜于我。每个人都应该有一个计划，这也是财务规划师这一职业存在的原因。有比简单买卖更重要的事情需要我们投资。

我还把我的钱交给别的投资者，请他们替我投资。也就是说，我认识其他的在寻找投资合伙人的第5和第6级投资者。他们是我认识并信任的人。如果他们选择投资于某一个我不了解的领域，如低收入住宅或者大型写字楼，我就把我的钱交给他们，因为我知道他们擅长所做的事情，我相信他们的学识。

为什么你应该迅速开始

我之所以建议人们迅速地找到他们的财务快车道并认真对待致富这件事，主要原因之一在于，在美国以及世界大部分地区都存在两套规则，一套是为富人设定的，另一套是为其他人设定的。很多法律都是针对那些陷入"老鼠赛跑"的人制定的。在商业和投资领域——一个我最熟悉的领域，我惊奇地发现中产阶级几乎不知道他们的税收被用于何处。虽然税收正被用在很多有价值的事情上，但是许多较大的税收减免、奖励和支付都有利于富人，而中产阶级却在为此付款。

例如，在美国，低收入住宅是一个很大的问题，当然也是一个棘手的政治问题。为了解决这个问题，各城市、州和联邦政府提供了大量的税收信贷、税收减免和补贴租金给那些为低收入住宅提供融资以及修建低收入住宅的人。只要懂得法律，融资者和建筑商就可以通过让纳税人为他们的低收入住房投资提供补贴的方式变得更富有。

为什么会不公平

因此，现金流左侧象限的大部分人不仅要支付更多的个人所得税，而且通常不能参与有税收优惠的投资。这也许是"富者更富"的一个原因吧。

我知道这不公平，并且我理解参与这件事的双方。我遇到过一些人，他们抗议并写信给报纸，还有一些人试图通过参加政府竞选来改变这个系统。但我认为，关注你自己的事业、控制你的现金流、找到你自己的财务快车道并实现富裕是更容易的做法。记住，改变自己比改变政治系统更容易。

问题导致机会

多年以前，富爸爸就鼓励我学习成为企业主和投资者所需要的技能。他还说："通过实践来解决问题。"

这些年来，我就是这么做的，我致力于解决企业和投资问题。一些人更喜欢称之为挑战，然而我喜欢称之为问题，因为大多数情况下这才是它的真正含义。

我认为，人们喜欢用"挑战"这个词甚于"问题"这个词，是因为他们认为前者听起来比后者更积极。然而，对我来说，"问题"这个词有非常积极的含义，因为我知道每个问题中都存在着"机会"，而机会是真正的投资者所追求的东西。在我致力于解决每一个财务问题或商业问题时，不论我是否解决了这个问题，最终我总能从中学到一些东西，包括一些关于财务、营销、人员或者法律方面的新知识。我经常能认识一些新朋友，在其他一些项目上他们可谓是无价的资产。他们中的很多人成了我终生的朋友，这份奖励是用钱无法衡量的。

找到你的快车道

因此，对那些想找到自己的财务快车道的人而言，请开始：

1. 关注你自己的事业。

2. 控制你的现金流。

3. 了解风险和冒险之间的区别。

4. 了解 A、B、C 这 3 种类型的投资者之间的区别，并选择同时做这 3 种类型的投资者。

要想到财务快车道上去，就要成为一名善于解决某类问题的专家。不要"多元化投资"，就像纯 B 型的投资者被建议做的那样。成为解决一种类型问题的专家，人们就会带着钱来，让你去投资。如果你是能干并且值得信任的，你就能更快地进入财务快车道。这里有一些例子：

比尔·盖茨是一名解决软件市场问题的专家，他是如此的精于此道，以至于连联邦政府都追着他跑。沃伦·巴菲特是解决企业和股市问题的专家，反过来企业和股市就让他购买有价值的股票并管理一个成功的资产组合。鲁帕特·默多克是解决环球电视网络的商业问题的专家。史蒂夫·乔布斯是计算机业界与娱乐业界的标志性人物，是引领全球消费类电子产品的专家。

我和我妻子非常善于解决最终将用被动收入清偿的公寓住房问题。除了中小规模公寓住房市场这个主要的投资领域以外，我们对其他的领域几乎一无所知，而且不采用多元化原则。如果我选择在这些领域以外投资，那么我会只做一名 B 型投资者，这意味着我要把我的钱交给那些在他们的专业领域中有着良好记录的人。

我的核心目标是"关注我自己的事业"。虽然我和我妻子也为慈善机构工作，并且帮助他人获得成功，但是我们从来没有忘记过关注我们自己的事业，以及不断地增加我们自己的资产项目的重要性。

因此，要想更快实现富裕，就要学习成为企业主和投资者所需要的技能，寻找并解决更大的问题，因为在大的问题当中蕴藏着巨大的致富机会。因此，我建议在成为 I 之前先成为 B。如果你是解决企业问题的大师，那么你将获得额外的现金流，而你的企业知识也会使你成为一名聪明的投资者。我在前面已经提过多次，但仍然值得再说一次：很多人进入 I 象限是希望投资能解决他们的财务问题，但大多数情况下，这不可能。如果他们还不是成功的企业主，那么投资只会使他们的财务问题更糟糕。

世界上决不缺少隐含着巨大机会的财务问题，事实上，有一个问题正在你的前方，等待着你去解决。

采取行动

获得投资知识：

我再次建议，在成为第 5 级或第 6 级投资者之前，你要先成为一名老练的第 4 级投资者，小规模地开始并继续你的教育。

每星期至少做下列事情中的两件：

1. 参加财务研讨班和学习班。 我把我的很多成功归因于我年轻时上的一门房地产课程，这门课花了我 385 美元。然而由于我采取了行动，多年以后，这门课已经帮我挣到了几百万美元。

2. 在你的地区寻找待售的房地产。 每星期拜访 3 ~ 4 家，并让销售人员告诉你有关这项资产的情况。问这样一些问题：这是一项资产投资吗？或者是：它出租吗？现在的租金是多少？空房率是多少？该地区的平均租金是多少？维修成本是多少？有定期维修吗？房主会融资吗？能获得什么类型的融资条件？

练习计算每项资产的月现金流量情况，然后让资产代理人检查一遍，看看你忘记了哪些内容。每项财产都是一个独特的商业系统，并应该被看成是个人的商业系统。

3. 会见几位股票经纪人。 听听他们推荐了哪些可以购买的公司股票，然后在图书馆或者互联网上调查这些公司，给这些公司打电话，索要他们的年度报表。

4. 订阅投资通讯并研究。

5. 继续阅读、听磁带和看录像带，看财经类电视节目，玩"现金流"游戏。

获得商业知识：

1. 会见一些商业经纪人，了解你的地区有哪些现存企业正在出售。仅通过问问题和倾听，你就能学会那些术语。

2. 参加网络营销研讨班，学习这个企业系统方面的知识。（我建议至少研究 3 家不同的网络营销公司。）

3. 参加当地的商业年会和贸易博览会，从而了解能加入哪些特许经营系统或企业系统。

4. 订阅商业报纸和杂志。

第 15 章
第 5 步：寻找导师

是谁引导你去了你以前从未去过的地方？

导师是告诉你什么重要、什么不重要的人。

导师告诉我们什么才是重要的

下页是我的桌面教学游戏"现金流"中的评分表，这个评分表就像一位导师，因为它训练人们像我的富爸爸那样思考问题，并能反映出人们认为在财务方面什么最重要。

我的有学问的穷爸爸认为，拥有高薪工作很重要，购买你梦寐以求的房屋也很重要，还相信先支付账单和量入为出的说法。

我的富爸爸则告诉我要把精力集中在被动收入上，并花时间获得能给我带来被动收入或长期剩余收入的资产。他不相信量入为出的说法，他经常对我和他儿子说："不要量入为出，要集中精力扩张你的财力。"

为了做到这一点，他建议我集中精力建立资产项目，增加来自资本利得和股息的被动收入、来自企业的剩余收入、来自房地

工资
穷爸爸认为损益表的这个部分最重要

被动收入
富爸爸教育我，如果想致富，那么这个部分最重要

职 业 _____　　　　玩家姓名 _____

目标：使你的被动收入远多于你的总支出，从而跳出"老鼠赛跑"进入快行道。

损益表

收 入	
工资：	
利息：	
红利：	
	现金流
房地产：	
公司：	现金流

支 出	
税：	
住房抵押贷款：	
助学贷款：	
购车款：	
信用卡还款：	
零售付款：	
其他支出：	
子女抚育费：	
银行贷款：	

审计员 _____
在你右侧的人

被动收入＝_____
(利息+分红+房地产+公司的现金流)

总收入：_____

孩子的数量：_____
(开始游戏时没有孩子)
每个孩子的
抚育费：_____

总支出：_____

每月现金流：_____
(实际收入)

资产负债表

资 产				负 债	
储蓄				住房低押贷款：	
股票/共同基金/银行存单：	数量：	成本：		助学贷款：	
				汽车分期付款：	
				信用卡：	
房地产：	首付：	成本：		零售债务：	
				房地产抵押贷款：	
公司：	首期：	成本：		负债 (公司)：	
				银行贷款：	

产的租金收入以及专利权使用费。

　　两位爸爸都是我成长过程中的导师，虽然我选择了听从富爸爸的财务建议，但是这并没有削弱我的有学问的穷爸爸对我的影响。没有这两个人对我的影响，我不会成为今天的我。

反面的榜样

　　正如导师是优秀的榜样一样，有些人是反面的榜样。在大多

数情况下，我们都有这两种榜样。

例如，我有一位朋友，他在一生中挣到了 8 亿多美元。然而在今天我写这本书时，他却已经破产了。其他朋友问我为什么还继续跟他交往，我对这个问题的回答是，因为他既是优秀的榜样也是反面的榜样，我能同时从两个榜样身上学到东西。

精神上的榜样

我的两个爸爸都是高尚的人，但在谈及金钱和精神时，他们的观点却完全不同。例如，他们对"贪财是万恶之源"这句话的解释就不同。

我的有学问的穷爸爸认为任何想得到更多的钱或者改善自己财务状况的愿望都是错误的。

相反，我的富爸爸对这句话的解释完全不同，他认为诱惑、贪婪和在财务上的无知才是错误的。

换句话说，富爸爸不认为金钱本身是罪恶的。但他的确认为终其一生像奴隶一样为钱工作是一种罪恶，被个人债务所奴役也是一种罪恶。

我的富爸爸经常把宗教戒律用到财务训导中来，现在我愿意和你共同分享其中的一条。

诱惑的力量

富爸爸认为，那些努力工作、长期负债并量入为出的人，是他们自己的孩子最糟糕的示范。在富爸爸眼里，那些处在债务中的人不仅是糟糕的示范，还是向诱惑和贪婪屈服的人。

他经常会画这样的图示并且指着负债项目说："不要把我们领入诱惑中。"

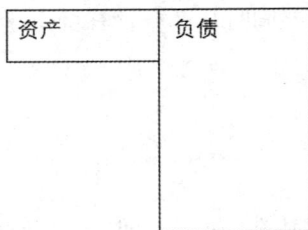

资产	负债

富爸爸认为，很多财务问题来自想占有毫无价值的东西的欲望。在信用卡产生的时代，他预见将有很多人陷入债务负担中，并且这些债务最终将控制他们的生活。我们看到人们因房子、家具、衣服、度假和汽车而陷入巨额的个人债务中，其原因就是他们对"诱惑"这种人类情感缺少控制。今天，人们越来越努力地工作，购买他们认为是资产的东西，但是他们的花钱习惯永远不能使他们获得真正的资产。

这时，他会指着下图中的资产项目说：

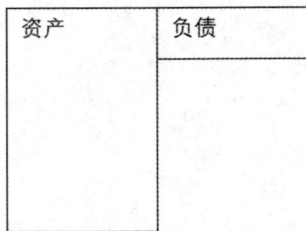

资产	负债

"让我们远离罪恶。"

这就是我的富爸爸所说的延迟回报（情商的一个标志）、关注你自己的企业，并首先建立你的资产项目。这些做法会帮助你避免由诱惑、缺乏财务知识和糟糕的财务示范所引起的人类精神的堕落。

对于那些正在寻找财务快车道的人，我只能提醒你小心每天接触到的人。问问自己：他们是好的榜样吗？如果不是，我建议你有意识地寻找那些与你前进方向相同并走在你前面的人，花更多的时间与他们在一起。

如果你不能在工作时间里找到他们，那么你可以在投资俱乐部、网络营销企业和其他的企业协会中发现他们。

寻找一位成功人士

聪明地选择你的导师，慎重决定从什么人那里得到建议。如果你想去某个地方，最好找一位已经去过了那里的人。

例如，如果你决定明年去攀登珠穆朗玛峰，很明显你要征求某位以前已经登过这座山峰的人的意见。但是，对于攀登财务高峰，大多数人却往往会征求某个自己也处于财务困境的人的建议，这就是他们的悲哀所在。

寻找 B 和 I 做导师的困难在于，大多数给出关于这两个象限和金钱问题的建议的人，往往来自 E 和 S 一侧的象限。

富爸爸一直鼓励我要有一位教练或导师。他经常说："职业运动员有教练，业余爱好者没有教练。"

例如，我打高尔夫球，但是我没有一位全职教练，这可能是因为我付钱打高尔夫而不是为挣钱去打高尔夫。然而，在企业和投资游戏中，我却有教练，而且有好几个教练。为什么呢？因为我从参加这些游戏中挣到了钱。

因此，聪明地选择你的教练或导师，这是你能做到的最重要的事情之一。

采取行动

1. 寻找导师——找出既在投资领域又在企业领域中的有可能成为你的导师的人。

找出榜样，向他们学习。

找出反面的示范，从他们身上吸取教训。

2. 你与之交往的人就是你的未来。

写下6位与你相处时间最多的人，你所有的孩子计作1人。记住限制条款是你与之相处的时间最多的人，而不是你们的关系类型。（先不要往下读，直到你写完这6个人的名字。）

大约15年前，我在上一个理财培训班时，老师让我们做了同样的事情。我写下了6个人的名字。

这时他让我们看看自己写下的这些名字，并说："你们在看你们的未来，你与之相处时间最长的这6个人就是你的未来。"

与你相处时间最多的这6个人不一定是你的私人朋友，有些人可能是你的同事、配偶、孩子，或者是教堂或慈善机构的成员。我的名单由同事、企业合伙人和橄榄球队员构成。这个名单非常富有提示性，我开始看到表面下隐藏的东西。我获得了对自己的认识，我喜欢自己的哪些方面又讨厌自己的哪些方面。

老师让我们在教室里走动，和其他人讨论我们的名单。过了一会儿，这个练习的意义更加明显了。我与越多的人讨论我的名单，我倾听他们的谈论也越多，我就越发认识到我需要做哪些改变。这次练习和我与之交往的人没有多少关系，但它却对我将去向何方和我将对我的生活做出什么决定关系重大。

15 年以后，我与之相处时间最多的人除了一个人之外全都发生了改变。在我早些时候的名单上出现的那 5 个人仍然是我的好朋友，只是很少见面了。他们是很不错的人，并且对自己的生活感到满意。我的改变只与我自己有关，我想改变我的未来，想成功地改变我的未来，我就必须改变我的思想，并且因此改变我与之交往的人。

现在你已经列出了 6 个人的名单，下一步是：

在每个人的名字后面列出他们所处的象限。

他们是 E、S、B 还是 I 呢？一个提示：象限反映了一个人的主要收入来源。如果他们现在失业或者退休，列出他们过去挣钱时所在的象限。年轻的孩子和学生不用填，请空出。

注意：一个人可能属于不止一个象限。例如，我会在我妻子的名字后面写上 B 和 I，因为在她的收入中，来自 B 象限和 I 象限的各占一半。

因此，我把我妻子列在了名单的第一位，因为我们几乎一起度过了所有的时间。

姓名	象限
a. 金·清崎	B–I
b.	
c	

d.

e.

f.

下一步是列出每个人所处的投资者等级。请参考第 5 章中投资者的 7 个等级。我妻子是第 6 级投资者。如果你不知道一个人的投资者等级，请尽最大努力运用你掌握的知识来推测。

标有象限和投资者等级的名单应该是全面的。

名字	象限	投资者等级
a. 金·清崎	B–I	6
b.		
c.		
d.		
e.		
f.		

一些人生气了

在那些做这项练习的人身上，我看到了复杂的感情。一些人生气了，我听到他们说："你怎么能让我给我身边的人分类呢？"因此，如果这种练习引起你任何情感上的不安，请接受我的道歉。这种练习的目的不是使人不安，这只是一个用来看清一个人的生活的练习。它对于一些人有用，但并不是对每个人都有用。

15 年前，当我做这项练习的时候，我意识到自己很小心而且有所隐瞒。我对自己所处的位置感到不安，同时也对用与我一同工作的人作为我在生活中没有取得进步的借口感到不安。尤其有两个人，我经常与他们争吵，责备他们使公司的发展停滞不前。我的日常工作是发现他们的错误，指出他们的错误，然后为我们作为一个整体存在的问题责怪他们。

　　完成这个练习后，我认识到，我总是与之争吵的那两个人对他们所处的位置其实很满意。我自己才是想要做出改变的人，但是，我所做的却不是改变自己，而是强迫他们改变。做完这个练习后，我认识到，我正在把我的个人愿望强加给他人，我想让他们做不想做的事情，我还认为他们应该乐意做出这种改变从而拥有和我一样的东西。这不是一种健康的关系。好在一旦认识到发生了什么，我就能够采取措施改变自己。

　　看一下现金流象限图，并把这些与你共度时光的人的名字填在恰当的象限中。

　　这时，把你的名字填在你现在所处的象限中，然后把你的名字填在你未来想要去的象限中。如果这6个人基本处在同一个象限，这种情况下你是一个幸福的人，因为你身边围绕着思想相似的人。如果他们不是，那么你也许该在生活中做些改变。

第 16 章
第 6 步：将失望转化成力量

当事情没有像你想象的那样发展时，你变成了什么样的人？

当我离开海军陆战队时，我的富爸爸建议我去找一份销售员的工作。他知道我很害羞，学习推销是这世界上我最不想做的一件事情。

开始的两年中，我是公司里表现最差的销售员，甚至无法把人身保险卖给一个溺水的人。我的羞怯不仅让我感到痛苦，而且也让我试图推销的顾客感到痛苦。两年来，我不断地被公司试用和解除试用，这意味着我始终处在被解雇的边缘。

我通常把我的失败归罪于经济环境，或者我正在推销的产品，甚至顾客。富爸爸对此有另一种看法，他会说："人们在身处逆境时，喜欢责备别人。"

这就是说，失望所引起的情感上的痛苦是如此的强烈，以至于受这种痛苦折磨的人想通过责备把痛苦转嫁给别人。为了学会推销，我不得不面对失望带来的痛苦。在学习推销的过程中，我得到了一个非常宝贵的教训：把失望转化成资产而不是负债。

每当我遇到一些害怕"尝试"新东西的人时，我都发现大多数情况下是因为他们害怕失望。他们害怕犯错误或者被拒绝。如果你准备启程去寻找自己的财务快车道，那么我将与你分享在我学习新事物时富爸爸给我的建议和鼓励："准备好失望。"

他说这是一种积极的态度，而不是消极的态度。他的理由是，如果你准备好失望，你就有把失望变成资产的机会。但大多数人把失望变成了一项负债———一项长期负债。当你听到人们说，"我再也不会做了"或者"我早该知道会失败"时，你就会知道他们又产生了一项长期负债。

就像每个问题中都隐藏着机会一样，每一次失望都蕴藏着无价的智慧结晶。

每当我听见人们说"我再也不会做这件事"时，我知道我听到的是一个已经停止学习的人在说话。他们被失望拦住了去路，失望已经变成竖在他们周围的一面墙，而不是可以使他们站得更高的基石。

我的富爸爸帮助我学会了如何处理情感上强烈的失望。富爸爸经常说："世界上只有很少几位靠自我奋斗致富的人，这是因为只有很少的人能够忍受失望。大多数人不是学会面对失望，而是终其一生去逃避失望。"

他还说："不要逃避失望，而要做好失望的准备。失望是学习过程的一个重要部分。正如我们从自己的错误中学到东西一样，我们在失望中锤炼了个性。"下面是他多年来给我的一些建议：

1. 期待失望　富爸爸经常说："只有傻瓜才期望事情像他们预想的那样进展。期待失望并不意味着消极或者被击败，而是让你在思想上准备好来面对你并不希望发生的意外。一旦做好了思想准备，即使事情没有按照你希望的方式进行，你也能够平静而有尊严地处理它；如果你保持平静，你就能更好地进行思考。"

我遇到过很多有着伟大商业设想的人，他们的兴奋能持续1个月左右，然后失望开始让他们感到疲倦。很快，他们的兴奋就消失了，而你唯一能听到的他们说的话就是"这是个好主意，但是行不通"。

不是这个想法行不通，而是失望的作用更大。他们让自己的急躁转化成失望，然后又被失望打败了。很多情况下，这种急躁是由他们没有收到即刻的财务回报引起的。企业主和投资者可能要等上好几年时间才能看到他们的企业和投资产生现金流，但是仍然致力于此，因为他们知道成功需要时间。并且他们很清楚，获得成功时的财务回报将是非常可观的。

2. 有导师帮忙　在你的电话本的前面，列着医院、消防队和警察局的电话号码。我也为某些财务突发状况列了这些电话号码，只不过那些是我的导师们的电话号码。

通常，在我进行一笔交易或风险投资之前，就会给一位朋友打电话，告诉他我正在做什么和我想完成什么。当我发现某个问题对我而言有些困难时（这是经常发生的事），我就会请他们和我一起处理。

最近，我正为购买一项大额房地产进行谈判。卖主很难对付，在谈判临近结束时又更改了条件。他知道我想得到这份资产，因此他试图在最后时刻尽他最大的努力从我这里得到更多的钱。由于生性急躁，我的情绪失去了控制。但我并没有大喊大叫地取消交易（我正常情况下会有的表现），而是简单地问我是否能用一下电话找我的合伙人。

在和 3 位支持我的朋友交谈并得到他们如何处理这种局势的建议后,我冷静了下来,并且学会了 3 种我以前不知道的办法。这笔交易最终没有做成,但是今天我仍然在使用这 3 种技巧,如果我不参加这次交易,我永远也学不到这些技巧。知识是无价的。

关键是,我们不可能事先知道每一件事情,经常是在需要学习时才开始学习。因此我建议你们尝试新事物,并期待失望,但始终要有一位导师在你身边用经验指导你。很多人从来不启动他们的计划,只是因为他们还没有找到全部的答案。你永远不会有全部的答案,但是无论如何你要开始。就像我的朋友坎宁安一直说的那样:"很多人要等到所有的灯都变绿时才会开车前进,因此他们哪儿也去不了。"

3. 善待你自己 对于犯错、失望或者在某件事上的失败来说,最让我们感到痛苦的不是别人怎样评价我们,而是我们对自己的态度。大多数人在犯错误时,他们的自责通常远远大于别人对他们的责骂,他们应该为滥用个人情感而到警察局自首。

我发现,那些在思想上对自己很苛刻的人在承担风险、接受新思想、尝试新事物时,通常过于谨慎。如果你总为失望惩罚自己或者责备别人,那么你就很难学到任何新东西。

4. 讲述事实 我小时候受到的最严厉的一次惩罚是,一天我不小心打掉了我妹妹的一颗门牙,她跑回家向爸爸告状,我吓得跑出去藏了起来。我爸爸找到我后非常生气。

他训斥我说:"我惩罚你并不是因为你打掉了妹妹的门牙,而是因为你逃跑。"

在财务方面,很多次我都想从错误中逃跑。逃跑是很容易的,但是我爸爸的话却几乎影响了我一生。

简而言之，我们都会犯错。当事情没有按照我们希望的方式进行时，我们都会感到不安和失望。然而，不同之处在于我们内心如何处理这种失望。富爸爸这样总结："成功的大小是用渴望的强烈程度、梦想的大小以及处理失望的方式来衡量的。"

在未来的几年中，我们将经历一些金融变动，这将检验我们的勇气。那些在大多数情况下能控制自己的情感，不让情感阻碍他们，并能够学习新的财务技能的、感情成熟的人，将会在未来的日子里获得成功。

就像鲍勃·迪伦唱的那样，"时代正在改变"。

未来属于那些能随时代改变而改变、并用个人的失望作为砖石修筑未来的人们。

采取行动

1. 犯错误。我建议你先从迈出一小步开始。记住：失败是成功的一部分。E 和 S 被告知犯错误是不可接受的，而 B 和 I 则知道犯错误是他们学习的一种方式。

2. 投一点儿钱进去，从小规模开始。如果你想参与一项投资，那么就投一点儿钱进去。你会惊奇地发现，当你的钱用在投资上时，你的智力增长得多么快。不要用你的农场、你的抵押贷款支付，或者用你孩子的大学教育经费做赌注。你只需要投入一点儿钱进去，关注它并开始学习。

3. 采取行动这一步的关键就是采取行动！

阅读、观察和倾听对于你的教育而言是至关重要的，但是你还必须开始"做"。例如，在能产生正现金流的小额房地产上投资、加入一家网络营销公司并从其内部学习、在调查公司之后对某些股票进行投资，等等。

如果需要，请向你的导师、财务或税收顾问征求建议，要像耐克广告所说的："Just do it！"

第 17 章
第 7 步：信心的力量

你最恐惧的是什么？

在我上高三的时候，有一次我和富爸爸的儿子被叫到一群学生面前，他们几乎都是班里最优秀的学生。我们的指导老师对我们说："你们两个将一事无成。"

指导老师继续说着，我们听到一些好学生在窃笑。"从现在起，我不会再在你们两个身上浪费时间了，我只会把时间花在这些好学生身上。你们两个是班里成绩最差的小丑，你们将一事无成。现在请你们出去。"

最大的恩惠

这位老师给了我和迈克最大的恩惠，虽然她的话在一定程度上是对的，并且深深地伤害了我们，但是也激励了我们更加努力地拼搏。她的话促使我们完成了大学学业并建立了自己的事业。

高中聚会

几年前，我和迈克回到学校参加我们的高中聚会，这是一次很有趣的经历。我们很高兴见到那些与我们共同度过了 3 年时光的同学，在那 3 年里，没有人知道我们究竟是谁。同时，看到那些当年所谓的优等生们大多数在高中毕业多年后并不成功，我们感到很遗憾。

我讲这个故事是因为我和迈克不是学习成绩优异的孩子。我们既不是金融天才，也不是体育明星，甚至不是班里的学生干部，而只是中下等学生。我甚至认为，我们不像我们的父亲那样有天赋。然而，正是我们的指导老师那尖刻的话语和同班同学的窃笑刺激我们开始埋头苦干，从我们的错误中学习，并且在逆境和顺境中都保持前进。

当你在学校里表现得不好、不受欢迎、不擅长数学、富有或穷困等，使你显得不如别人时，应该记住：长远来看它们都不算什么，这些所谓的缺点只在你把它们当回事的时候才会起作用。

那些正考虑进入自己的财务快车道的人，有时可能会怀疑自己的能力。我能说的就是，你要相信自己已经拥有了现在去实现财务成功所需要的每一件东西。能够发挥上帝赐予你的天赋的东西就是你的梦想、决心和相信自己拥有独一无二的天赋和才能的坚定信念。

照镜子和倾听谈话

镜子反射回来的不只是一个视觉上的影像，它通常还能反映我们的思想。我们如此频繁地看到人们照着镜子，说着这样的话：

"噢，我看起来真糟糕。"

"我有那么胖吗？"

"我真的变老了。"

或者：

"哎呀！我长得真帅！我简直就是上帝赐给女人的礼物。"

思想是一种折射

就像我前面说的那样，镜子反射回来的不仅是我们眼睛所看到的东西，还反映出了我们的思想，以及我们对自己的看法。这些思想或看法比我们的外表重要得多。

我们都遇到过外表很漂亮却自认为丑陋的人，或者被别人深爱却并不喜欢自己的人。我们最深邃的思想通常是灵魂的反映。思想就是我们对自己的爱、对自己的私心、对自己的厌恶、对待自己的方式以及对自己的总体看法的一种反映。

钱不会和不信任自己的人待在一起

在情绪激动时，人们通常会说出真心话。

在向一个班级或者个人解释完现金流象限后，我给他们一段时间让他们考虑下一步该做什么。首先，他们要确定自己正处于哪个象限，这很容易，因为这是他们获取主要收入的象限。其次，我问他们，如果他们需要变动的话想去哪个象限。

这时他们看着现金流象限图并做出选择。

一些人边看边说："我很满意现在的位置。"

另一些人说："我对我的位置不满意，但是我现在不想改变或者移动。"

还有一些人对自己的位置不满意，并且知道需要立即做些事情，处在这种情况下的人通常会清楚地说出他们的真心话。

他们说的话反映了他们对自己的看法，也反映了他们的灵魂。因此我说，"人在情绪激动时会说出自己的真心话"。

在这个时候，我经常听到的真话有：

"我不能那样做，我不能离开S进入B。你疯了吗？我要养活妻子和 3 个孩子。"

"我不能那样做。我不能等上 5 年才拿到另一份工资。"

"投资？你想让我赔掉所有的钱是不是？"

"我没钱投资。"

"在我采取行动之前，我需要更多的信息。"

"我以前尝试过但是没有用。"

"我不需要知道如何读财务报表，我能应付。"

"我不用担心，我还年轻。"

"我不够聪明。"

"如果我能找到合适的人搭伙，我就愿意这么做。"

"我丈夫不会喜欢的。"

"我妻子永远不会理解。"

"我的朋友们会怎么说？"

"如果我更年轻些，我会这样做的。"

"这对我来说已经太晚了。"

"这不值得。"

"我不配拥有它。"

所有的话语都是镜子

人们都在情绪激动时说出真心话。所有的话语都是镜子，因为这些话反映出了人们对自己的某些看法，虽然他们可能是在谈论别人。

我最好的建议

对于那些准备从一个象限转移到另一个象限的人来说，我能给你们的最重要的建议是：要特别留意你所说的话，尤其要留意那些发自你的内心、你的肺腑和你的灵魂的话语。如果想做出改变，你就必须了解由你的情感所产生的思想和话语。如果你不知道你的情感何时会影响你的思考，那么你就不能完成这个转变过程，你会阻碍自己进步，即使你说的是别人。比如你说"我爱人不会理解"，实际上你说的是自己，你只是用你的爱人作为你不行动的借口，或者你实际上可能是在说："我不具备把这些新想法告诉她的勇气或沟通技能。"所有的话都是镜子，使你有机会看见自己的灵魂。

或者你会说：

"我不能停止工作去创办我自己的企业，我有抵押贷款和家庭需要考虑。"

你也许是在说：

"我累了，不想再做任何事了。"

或者：

"我的确不想再学习任何东西了。"

这些才是你的真心话。

是真心话也是谎话

这些是真话，也是谎话。如果你对自己说谎，那么这个过程永远也无法完成。因此我最好的建议是倾听你的疑虑、恐惧和被禁锢的思想，然后进一步挖掘出内心深处的真话。

比如说，"我累了，我不想学习新东西"可能是真话，但也许是谎话。真正的真话可能是："如果我学不到新东西，我会更累。"或者更进一步："事实是，我喜欢学习新东西并再次对生活充满激情，或许整个新世界都将为我打开。"一旦你能说出更深层的真话，你就会发现在你身上有一种力量，它足够强大，能够帮助你改变。

我们的旅程

我和我妻子要想前进，首先必须愿意接受我们对自己的评价和批评。我们必须愿意接受使我们显得渺小但并不会阻止我们前进的个人思想。偶尔，这种压力会到达极点，我们的自我批评会爆发，我会因为自我怀疑而责备她，她也会因为她的自我怀疑而怪罪我。然而，我们在开始这段旅程之前就已经知道，我们必须面对的唯一的事情仍旧是我们对自己的怀疑、批评和认为自己无能。作为这次旅程中的丈夫和妻子、商业伙伴和精神伴侣，我们真正的工作是不断地彼此提醒：我们每个人都比自己的个人怀疑、狭隘和无能更强大。在这个过程中，我们学会了更加相信自己。我们的最终目标不光是变得富裕，而且要学会不仅信任钱，也要信任自己。

记住，唯一能决定对你看法的人就是你自己。因此，这次旅程的收获不仅是金钱带给你的自由，也是你对自己的信任带给你的自由，因为它们其实是一回事。我给你的最好建议就是，每天都要为了去做比你的渺小更伟大的事情而做准备。我认为，大多数人之所以会停下来并从梦想中逃回来，就是因为他们身体里那个渺小的自己打败了那个更伟大的自己。

虽然你不可能擅长每一件事情，但是如果花时间发展你需要掌握的技能，你的世界将会迅速改变。永远不要逃避你需要去学习的东西，直面恐惧和疑惑，新的世界将会为你敞开。

采取行动

相信你自己，并从今天开始行动吧！

第 18 章
总　　结

这就是我和我妻子在短短几年里，从无家可归变为财务自由者所使用的 7 个步骤。这 7 个步骤帮助我们找到了属于自己的财务快车道，而且我们今天还在使用这 7 个步骤。我相信，这些步骤能够帮助你设计出通往财务自由之路。

要做到这一点，我建议你必须对自己诚恳。如果你现在还不是一位长期投资者，那么请你尽快使自己成为这种人。这意味着什么？这意味着你要坐下来，制定出一个计划从而控制你的消费习惯，把你的负债最小化，并增加你的收入，弄清楚你每个月的投资是多少，按实际回报率计算，投资几个月后可以实现你的目标。这些目标有：你计划在多少岁时停止工作？你每个月需要多少钱才能达到你渴望的生活标准，等等。

制定长期计划可以减少你的消费信贷，而定期存一小笔钱将会给你一个良好的开端，只要你尽早开始，并时刻监督自己的行为。

这时，让一切简单化，别耍花招。

　　我向你介绍现金流象限、投资者的 7 个等级和我划分的投资者的 3 种类型，是为了让你从多个角度看清你是谁、你的兴趣是什么，以及你最终想成为谁。我愿意相信，每个人都能找到他们自己的通往财务快车道的独特道路，无论他们来自哪个象限。然而，路终究还要靠你自己去找。

　　记住我在前面的章节中所说的话："你老板的工作是给你工作，而你的工作是让自己变富。"

　　你是否打算停止运水并开始建立现金流管道，以维持你、你的家庭和你的生活方式？

　　关注你自己的事业可能很困难，并且有时令人感到困惑，尤其是在刚开始时。无论你知道多少，都有更多东西需要学习，这是一个终生的过程。不过幸好，这个过程最艰难的部分只在开始。一旦你做出决定，生活实际上已经开始变得越来越容易。关注自己的事业并不难，这只是常识而已。

提高财商的三个方法

方法一：阅读"富爸爸"系列书籍

财富观念篇	《富爸爸穷爸爸》
	《富爸爸为什么富人越来越富》（《富爸爸穷爸爸》研究生版）
	《富爸爸财务自由之路》
	《富爸爸提高你的财商》
	《富爸爸女人一定要有钱》
	《富爸爸杠杆致富》
	《富爸爸我和埃米的富足之路》
	《富爸爸那些比钱更重要的事》
	《富爸爸第二次致富机会》
财富实践篇	《富爸爸投资指南》
	《富爸爸房地产投资指南》
	《富爸爸致富需要做的 6 件事》
	《富爸爸穷爸爸实践篇》
	《富爸爸商学院》
	《富爸爸销售狗》
	《富爸爸成功创业的 10 堂必修课》
	《富爸爸给你的钱找一份工作》
	《富爸爸股票投资从入门到精通》
	《富爸爸为什么 A 等生为 C 等生工作》
	《富爸爸 8 条军规》
财富趋势篇	《富爸爸 21 世纪的生意》
	《富爸爸财富大趋势》
	《富爸爸富人的阴谋》
	《富爸爸不公平的优势》
财富亲子篇	《富爸爸穷爸爸（少儿财商启蒙书）》（适合 3~6 岁）
	《富爸爸穷爸爸（青少版）》（适合 11 岁以上）
	《富爸爸巴比伦最富有的人》（适合 11 岁以上）
	《富爸爸发现你孩子的财富基因》
	《富爸爸别让你的孩子长大为钱所困》

方法二：玩《富爸爸现金流》游戏

　　《富爸爸现金流》游戏浓缩了《富爸爸穷爸爸》一书的作者——罗伯特·清崎三十多年的商界经验，让我们在游戏中模仿和体验现实生活的同时，告诉游戏者应如何识别和把握投资理财机会；通过不断的游戏和训练及学习游戏中所蕴含的富人的投资思维，来提高游戏者的财务智商。

扫码购买《富爸爸现金流》游戏

方法三：关注读书人俱乐部微信公众号，在读书人移动财商学院学习财商知识

　　北京读书人俱乐部微信公众号由北京读书人文化艺术有限公司运营，为富爸爸读者提供既符合富爸爸理念又根据中国实际情况加以完善的财商相关课程，帮助读者系统地学习和掌握富爸爸财商的原理、方法和实操技巧，助力富爸爸读者的财务自由之路。

readers-club

扫码关注读书人俱乐部

开始学习

图书在版编目（CIP）数据

富爸爸财务自由之路 / （美）罗伯特·清崎，（美）莎伦·莱希特著；萧明译. — 成都：四川人民出版社，2017.8（2025.7 重印）

ISBN 978-7-220-10295-0

Ⅰ.①富… Ⅱ.①罗… ②莎… ③萧… Ⅲ.①私人投资–通俗读物 Ⅳ.① F830.59–49

中国版本图书馆 CIP 数据核字（2017）第 193633 号

The CASHFLOW Quadrant: Rich Dad's Guide to Financial Freedom
Copyright © 1998-2012 by Robert T. Kiyosaki
This edition published by arrangement with Rich Dad Operating Company, LLC.
版权合同登记号：图进 21-2017-492

FUBABA CAIWUZIYOUZHILU
富爸爸财务自由之路

〔美〕罗伯特·清崎　　〔美〕莎伦·莱希特　著　　萧明　译

策划编辑	李真真　朱 鹰
责任编辑	王其进
融合出版统筹	袁 璐
特约编辑	张 芹
封面设计	朱 红
版式设计	乐阅文化
责任印制	王征征
出版发行	四川人民出版社 （成都三色路 238 号）
网　址	http://www.scpph.com
E-mail	scrmcbs@sina.com
新浪微博	@ 四川人民出版社
微信公众号	四川人民出版社
发行部业务电话	（028）86361653　86361656
防盗版举报电话	（028）86361653
照　排	北京乐阅文化有限责任公司
印　刷	三河市中晟雅豪印务有限公司
成品尺寸	152mm×215mm　1/32
印　张	10
字　数	223 千
版　次	2021 年 4 月第 2 版
印　次	2025 年 7 月第 21 次印刷
书　号	ISBN 978-7-220-10295-0-01
定　价	68.00 元